33년 문화관광 공직생활을 통해 배운 축제의 쓸모

페스티벌 이펙트

와일드북
와일드북은 한국평생교육원의 출판 브랜드입니다.

페스티벌 이펙트

초판 1 쇄 인쇄 · 2024년 10월 21일
초판 1 쇄 발행 · 2024년 10월 25일

지은이 · 박남규
발행인 · 유광선
발행처 · 한국평생교육원
편 집 · 유지선
디자인 · 박형빈

주 소 · (대전) 대전광역시 유성구 도안대로589번길 13 2층
(서울) 서울시 서초구 반포대로 14길 30(센츄리 1차오피스텔 1107호)
전 화 · (대전) 042-533-9333 / (서울) 02-597-2228
팩 스 · (대전) 0505-403-3331 / (서울) 02-597-2229

등록번호 · 제2018-000010호
이메일 · klec2228@gmail.com
instagram @wildseffect

ISBN 979-11-92412-80-1 (13380)
책값은 책표지 뒤에 있습니다.

33년 문화관광 공직생활을 통해 배운 축제의 쓸모

페스티벌 이펙트

박남규 지음

스물다섯 마을 이장에서 문화관광 공무원으로 정년퇴직까지
"마음까지 사로잡는 축제는 위기를 기회로 바꾼다!"

|추천의 글|

여러분이 가진 능력으로 세상을 바꿔라

박남규 저자는 문화와 관광이라는 두 가지의 가치를 가지고 33여 년의 공직생활을 성공적으로 마쳤다. 진도군 어느 마을의 젊은 이장이었던 그가 이제 은퇴를 바라보게 되었다. 저자는 진도군의 유무형의 자산을 가지고 전국의 모든 축제를 누비고 다녔으며, 전 국민을 진도군으로 불러 모은 진도군 문화 예술의 현장 전문가이다.

진도군은 역사적으로 고려 시대 배중손 장군의 대몽항쟁의 현장이자, 조선 시대 이순신 장군의 명량대첩의 현장이다. 또한 문인(詩)과 서예가(書)와 화가(畵)와 소리꾼(唱)이 넘쳐나는, 특히 유네스코 인류무형문화유산 3종과 무형문화재 12종, 예능보유자 15명, 향토문화유산 36종을 보유하고 있는 민속문화의 수도이자 대한민국 유일한 민속문화예술특구이기도 하다.

이 책에서는 이러한 진도군을 위해 노력했던 박남규 저자의 일생이 담겨있다. 말로만 하는 진도 사랑이 아닌 실제로 행동하는 공무원으로서 어떻게 진도군의 문화와 예술을 알리고자 했는지를 쉽게 풀어냈다. 저자의 무한한 열정은 끝이 아니라 현재 진행형이라고 한다. 제2의 인생도 문화와 관광으로 새롭게 사업을 시작한다고 하니 진심으로 기대가 된다.

나도 진도군에서 태어나고 자라 평생을 국가와 국민을 위해 헌신하고 봉사했다고 자부하는데, 박남규 저자도 방법은 조금 다르지만, 그 맥락은 나와 같다고도 할 수 있다.

전 세계적으로 불확실의 시대, 뉴노멀의 시대이다. 특히 미래 세대의 중심인 청년들이 힘들어하고 있다. 청년들이 새로운 미래를 열어낼 수 있도록 도와야 한다. 이런 때일수록 기회가 있다는 이야기도 하고 싶다.

저자는 이 책에서 왜 이 일을 해야 하는지 늘 고민했다. 그 고민을 해결하기 위해 다양한 노력과 열정을 보여주며 성과를 낼 수 있었다. 이 시대를 살아가고 있는 청년과 공직자들이여. 내가 지금 가는 길이 맞는지 궁금하다면, 나의 앞길이 캄캄하다고 느껴진다면 이 책을 한번 읽어보기를 권한다.

축제로써 세상의 지평을 넓힌 저자의 경험을 바라보며 여러분이 가지고 있는 능력으로 세상을 바꾸는 경험을 해보길 바란다.

진도군과 박남규 저자, 그리고 이 책을 읽는 여러분을 진심으로 응원한다.

– 국회의원 **박지원**

|추천의 글|

축제는 그 자체로 살아있는 역사이자 문화의 현장이다

나는 이 책의 저자와 축제를 통해 인연을 맺게 되었다. 2000년대 초반 진도의 축제장을 방문하거나 전국의 유명 축제장을 가게 되면 항상 만나게 되는 축제와 진도를 사랑하는 공무원이었다.

이 책은 진도에서 33년이라는 긴 세월을 공직자로 헌신한 박남규 저자의 애정 어린 이야기로 가득하다. 그의 이야기는 진도를 사랑하는 마음으로 시작해, 이 땅에 뿌리 내린 문화와 전통을 어떻게 보존하고 널리 알렸는지를 감동적으로 풀어내고 있다. 이 책을 통해 우리가 알 수 있는 것은, 그의 열정이 단지 과거의 성취로 끝나지 않을 것이라는 점이다. 오히려 새로운 시작을 앞둔 그가 진도의 아름다운 문화유산을 미래 세대에게 전하고, 국민과 함께하는 축제의 장을 더욱 넓혀 나가길 기대하게 한다.

진도는 '강강술래', '진도아리랑', '소포걸군농악' 등 유네스코 인류무형문화유산과 국가 지정 무형유산인 '진도씻김굿', '남도들노래', '진도 다시래기' 등을 품고 있는 민속문화의 보고이다. 또한 진도는 '진도북놀이', '진도만가', '남도잡가', '조도닻배노래', '진도홍주' 등 다양한 도 무형유산과 향토문화유산 36종을 보유한 대한민국의 유일한 민속문화예술특구이자 문화도시로서 그 명성을 떨치고 있다.

이런 진도의 풍성한 문화적 유산은 그 자체로도 값진 보물이다. 그리고 박남규 저자는 이 보물을 활용하여 진도의 문화유산을 널리 알리고 보존하기 위해 다양한 사업을 추진한 산증인이기도 하다.

나는 언제나 축제장을 방문할 때마다 지역 축제의 중요성을 절감한다. 지역의 인구소멸을 걱정해야 할 요즘에 축제와 관광을 통한 관계 인구 증가만이 지역 쇠퇴를 막는 길이라 생각되기 때문이다. 대부분의 축제는 지역의 뿌리와 깊은 연결고리를 맺고 있는 장소에서 치러진다. 이런 축제들이 없다면, 우리의 전통문화와 예술은 점차 사라질지도 모른다. 그렇기 때문에 저자의 축제 이야기는 그 자체로 살아있는 역사이자 문화의 현장이다.

저자는 이제 정년퇴직을 앞두고 제2의 인생을 준비하고 있는 것으로 알고 있다. 그의 인생 여정은 단순히 개인의 삶을 넘어, 진도와 남도 지역의 문화와 전통을 세계에 알리는 데 있어 중요한 역할을 해왔다. 저자가 쌓아온 경험과 지혜는 앞으로도 우리 문화유산의 가치를 더욱 높이는 데 큰 자산이 될 것이다.

나는 이 책이 단순한 기록을 넘어서, 지역사회와 전통문화에 대한 깊은 애정과 책임감을 담고 있다는 것을 느낀다. 저자의 다음 여정이 진도와 남도를 더욱 빛나게 하고, 그가 사랑하는 축제를 세계무대에서 더욱 널리 알리는 데 중요한 이정표가 되길 진심으로 바란다. 그의 끊임 없는 도전과 열정이 대한민국의 문화와 예술에 깊은 영향을 미치리라 믿으며, 그 길이 더욱 영광스럽고 풍성해지기를 기원해 마지않는다.

– (전) 한국관광학회장 순천향대학교 교수 **정병웅**

|추천의 글|

이 유별난 공무원은 앞으로 또 어떤 축제를 벌일까

여행 작가로 전국을 돌아다니며 취재하다 보면 지자체 담당 공무원을 많이 만나게 된다. 대개 순환보직이므로 깊은 인연보다는 스쳐 지나는 인연이 대부분이어서 몇 해만 지나면 기억이 가물가물해지기 마련이다.

그런데 박남규 저자는 첫 만남부터 깊은 인상을 주었다. 자기가 맡은 직무에 대해 주관이 뚜렷했고, 공부와 생각을 많이 하는 사람이라는 느낌을 받았다. 질문도 많았고 매사에 적극적이고 학구적이었다. 게다가 사람을 대하는 태도도 건성이 아닌 진심이었다. 흔치 않은 공무원이란 생각이 들었다.

이 별난 공무원은 30년 넘게 진도군에서 일하며 다른 이들은 엄두도 내기 어려운 일들을 많이 벌였다. 진도 신비의 바닷길 축제 횃불 퍼레이드, 서울광장 진도개 한마당, 진도 문화예술제, 진도군 상권 르네상스 공모사업 등 관광, 문화예술, 지역경제 분야에서 많은 성과를 냈다. 마지막 근무부서였던 농수산 유통단에서 단장을 맡았을 땐 맥도날드 '진도대파버거'를 출시해 순식간에 150만 개 완판을 기록할 만큼 대히트를 쳤다. TV에서 방영되는 대파버거 CF를 보며 "역시 박남규구나!" 했다.

불광불급(不狂不及). '미치지 않으면 미치지(도달하지) 못한다'라는 말이 있다. 저자의 33년 공무원 생활을 이 네 글자로 함축할 수 있을 것 같다. 사업에 조금이라도 도움이 된다고 생각하면 자기 돈 써가며 주말마다 진도에서 서울을 오가는 열정을 쏟기도 했다. 때로 일을 추진하다 군과 주민의 우려와 반대에 부딪히기도 하고, 욕을 먹기도 했지만, 포기나 회피 대신 어떻게 해서라도 해결책을 찾거나 정면으로 돌파했다. 나는 그의 글을 읽으며 '공무원 정주영'이라 할 만하다는 생각이 들었다.

'페스티벌 이펙트'는 축제에 대한 이야기만 있는 게 아니다. 삶에 갈피를 잡지 못하거나 어려운 문제에 맞닥뜨려 갈등과 고민이 있는 이들에게 힘이 되어줄 만한 이야기도 많다. 특히 과장이나 미화 없이 본인이 겪은 생생한 사례 소개들은 전국의 공무원들, 지방자치단체에서 근무하는 직원과 공공기관에서 기획업무를 하는 사람들이 읽으면 큰 도움이 될 것 같다.

저자는 얼마 전 회갑을 맞아, 새로운 인생의 출발을 벼르며 지리산 천왕봉에 올라 일출을 맞이하고 왔다고 한다. 33년이나 일했으면 조금 쉬었다 갈 만도 하건만 그의 머릿속에는 이미 새롭게 시작할 일에 대한 설렘과 구상으로 가득 찬 듯하다. 이 유별난 공무원은 앞으로 과연 또 어떤 축제를 벌일까?

—(사)한국여행작가협회 회장 **임인학**

|들어가며|

지금 이 순간이 축제다

나는 지금, 지리산 천왕봉 정상에서 일출을 기다리고 있다.

모두의 시선은 검은 동쪽 하늘을 향해 있다. 그 동녘 하늘에서 빛이 새어 나온다. 빛은 차츰 붉어지며 동쪽 하늘을 물들이기 시작한다. 드디어 붉은 태양이 조금씩 모습을 드러내기 시작한다. 누군가로 시작된 "와!" 하는 감탄의 소리는 산 정상에 있던 수백 명에게 전이되어 다 함께 탄성을 쏟아내게 한다. 삼대가 덕을 쌓아야 볼 수 있다는 천왕봉 일출의 장엄함이 함께한 모든 이에게 복에 복을 더하는 기분이다. 또다시 정상석 주위가 소란스럽다. 인증샷을 남기기 위한 부산함이다. 나는 차분히 기다리기로 한다. 오르기 힘든 곳이니 제대로 사진을 남기기 위해서다.

붉디붉은 아침 햇살이 하얀색으로 변해 갈 즈음 산 정상은 조용해졌다. 이제 눈을 돌려 천왕봉 정상을 둘러본다. 천왕봉은 이번까지 세 번의 만남이지만 오늘의 천왕봉은 남다르게 느껴진다. 인생 버킷리스트인 일출을 보기 위함도 있지만 제2의 인생을 살아내야 하는 절박함과 비장함이 이곳을 찾게 한 것이기 때문이리라.

해가 뜨고 가장 높은 곳에서 마주하는 지리산의 모습은 아름답기 그지없다. 끝없이 펼쳐진 산 그림자 물결은 이 산의 깊이와 포용력을 말해 주는 것 같다. 지리산의 아름다움에 빠져있는 동안 구름은 저 멀리서 달려와 내 발아래로 모여든다. 주변의 도움으로 추억에 남을 사진 몇 장을 남긴 후 산 아래로 내려서기 시작한다.

나는 1270년 고려 삼별초가 자주독립 정부를 수립하고자 항몽의 깃발을 들고 입도한 진도의 벽촌 마을에서 태어났다. 논밭과 들녘, 그리고 산을 벗 삼아 학교에 다니다 먼 부산까지 고등학교 유학을 가게 된다. 태생이 기계와는 안 맞아 고향에 돌아온 후 우여곡절 끝에 군 생활을 마치고 농업과 어업 활동을 하다 동네 어르신들의 추대로 25살의 젊은 나이에 마을 이장도 맡았다.

이장은 1년 만에 그만두지만, 이때 알게 된 주변인들에 대한 관심과 기대감에 많은 성장을 이루었다. 얼마 후에 진도군 공무원 특별채용에 발탁되어 고향에서 면서기로 공무원 생활을 시작하게 된다. 처음엔 남들과 비슷한 평범한 공무원 생활을 했지만, 좋은 기회로 문화관광해설사 교육을 받으며 문화관광과에 발령받아 일생일대의 전환점을 맞이하게 된다.

불광불급(不狂不及)이란 어떤 일을 하는 데 있어 미친 사람처럼 그 일에 미쳐야 목표를 이룰 수 있다는 말이다. 나는 업무를 추진하면서 미쳤다는 소리를 자주 들었다. 문화관광과에 발령 후 찾아가는 민속공연, 토요민속공연, 서울광장 진도개 한마당 행사, 하이서울페스티벌을 추진하면서 팀장으로 승진했다. 승진 후에는 운림예술촌 조성 사업, 신비의 바닷길 축제, 진도읍 원도심 상권 활성화 등 문화관광을 성공적으로 추진했는데, 이때 나의 불광불급에 대한 이야기를 책에 특별히 담아냈다.

이 책은 지나온 생에서 내가 느끼고 실천했던 것, 특히 업무에 미쳤던 시기의 것들을 정리하여 글로 엮었다. 그리하여 나의 경험과 지혜를 더 많은 분과 나누고 싶었다. 시골의 공무원이 지역의 문제점을 파악하고 바꿔 보겠다는 사명감으로 일한 과정과 결과를 가감 없이 전하고자 한다. 새로운 일을 추진하는 과정에서 실패도 하고 민원도 생겨 상사들로부터 질타받는 경우도 많이 있었다. 그러나 실패는 성공의 어머니라고 하고자 하는 일은 끝내 이루어 냈다. 역경과 어려움도 많았으나 그때마다 주변에서 많은 도움을 주어 이를 이겨낼 수 있었다.

이는 관계의 중요성을 일깨워 준 소중한 자산이기도 하였다. 나는 늘 주변에 "하고자 할 때 안 되는 일이 없었다. 단지 안 하려는 마음이 있어 이루지 못할 뿐이었다."라고 이야기한다. 열정과 의지만 있다면 어떤 도전도 할 수 있다는 의미다.

새로운 일을 기획하고 실행할 때 순탄하게 되는 일도 많았지만, 상사의 반대와 민원의 벽에 부딪혀 중단되는 일도 많았다. 하지만 포기하지 않고 방법을 찾으니 길은 있었다. 내가 지레짐작으로 포기하지 않는 이상 도움의 손길은 어디든 있었다.

모든 성취의 원동력은 '할 수 있다.'라는 긍정적 사고에서 비롯되었다. 할 수 있다고 생각하면 안 될 일도 되고 할 수 없다고 생각하면 될 일도 안 되었다. '뭔가에 미치는 사람이 반드시 성과를 낼 수 있다.'라는 생각으로 혼이 담긴 뜨거운 열정으로, 끊임없이 정진한 결과 성과를 이룰 수 있었다.

도전하는 삶은 아름답다. 도전하는 삶은 변화를 추구하는 데에 있다. 변화하는 삶을 살기 위해서는 새로운 상황과 경험에 대해 개방적이고 유연한 태도를 가지는 것이 중요하다. 변화를 받아들이되 저항하지 않아야 한다. 지속적으로 새로운 것을 배우고자 하는 태도와 호기심이 필요한데 이는 변화에 적응하기 위해서 계속해서 배우고 성장해야 하기 때문이다. 변화를 수반하는 새로운 경험을 두려워하지 않고 감수할 수 있는 용기가 필요하기 때문이다.

실패를 두려워하지 않는 태도도 중요하다. 그러기 위해선 자신의 강점과 약점, 가치관과 목표를 잘 알고 있어야 한다. 이를 바탕으로 변화에 적극적으로 대처할 수 있다. 변화하는 삶을 살아가기 위해서는 가족, 친구, 동료 등 주변 사람들의 적극적인 지지와 이해가 필요하다. 어려움에 봉착했을 때 힘든 변화를 함께 극복할 수 있다. 변화에 대한 긍정적이고 낙관적인 마음가짐을 가지는 것도 중요하다. 어려움이 있더라도 이를 극복할 수 있다는 자신감이 필요하기 때문이다.

"빨리 가려면 혼자 가고, 멀리 가려면 함께 가라"라는 아프리카 속담이 있다. 이는 도처에 적과 맹수의 위협이 도사리고 있는 아프리카에서 먼 곳으로 이동하기 위해서는 누군가와 함께해야 안전을 지킬 수 있다는 의미를 담고 있다고 한다. 즉 사람은 혼자일 때보다 동반자가 있을 때 어려운 일도 극복할 수 있고 더욱 큰 효과를 발휘할 수 있다는 것이다. 때로는 혼자서 빨리 가는 것이 필요할 수 있지만, 장기적으로는 함께 가는 것이 더 큰 성과를 거둘 수 있다. 우리 주변에는 많은 전문가들이 있다. 그들은 내가 이야기하기 전까지는 나의 문제점을 알지 못한다. 어려움이 있을 때는 도움을 요청해야 한다. 그래야 해결책이 나온다.

끝으로, 새로운 세상을 알게 해준 윤영민 종로문화재단 대표, 함께 하며 방향을 제시해 주고 어려움을 해결해 주었던 이원석 선배, 젊음을 함께 불살랐던 을종이 친구, 진도의 먼지까지도 사랑하다 하늘의 별이 된 김병철 소포리장, 국악의 흥과 재미를 알게 해준 박동천, 박인영 동생, 축제를 알게 해준 축제 유랑단 식구들, 수많은 어려움을 함께한 동료들, 어려운 부탁임에도 선선히 응해 주셨던 전국에 계신 나의 멘토님들, 여기에 일일이 거론 못하지만 함께 고민하고 나누었던 분들이 계셨기에 나의 오늘이 있다고 여겨진다. 모두에게 진심으로 감사드린다.

즐겁거나 힘들 때도 묵묵히 곁을 지켜주고 힘을 북돋아 준 나의 영원한 반려자 조영숙 여사, 사랑하는 딸 한아, 두 아들 현민, 현서, 그리고 우리 식구가 되어 준 원제, 보미에게도 고맙고 사랑하는 마음을 전한다.

이 책을 읽는 모든 이에게
축제 같은 삶이 펼쳐지기를 바라며

지리산 천왕봉에서 **박남규**

차례

3장 용기 있는 자가 진짜 축제를 만든다

4장 우리에게 축제가 필요한 이유

5장 힘들어도 축제 속에 희망이 있다

1장 | 축제는 사람을 움직인다

꿈꿔라,

꿈꿀 수 있는 것은

무엇이든 이룰 수 있다.

—월트 디즈니

01 정체성은 지키되 변화는 과감하게

"Go!"

"Stop!"

영어 울렁증이 있던 내가 겨우 할 수 있는 단어다. 외국인 1,000여 명이 앞장선 내 말에 따라 움직인다. 나에게 주어진 건 횃불 하나에 어깨에 멘 핸드 마이크가 전부다.

어둠을 응시하며 바다를 헤쳐 나간다. 밤새워 술을 마셔대며 횡설수설하던 미국인도 잔뜩 겁먹은 표정이다. 설화 속의 뽕할머니께서 우리를 보고 놀라시며 이렇게 말씀하실 것 같다.

"뭔 놈의 도깨비불이 이렇게 많다냐?"

나는 지금, 진도 신비의 바닷길 축제에 새롭게 도입한 '횃불 들고 바닷길 걷기'를 하는 중이다. 어두운 새벽녘을 그것도 선두로 걷고 있는 나는 긴장의 끈을 놓지 못하고 있다. 횃불에 가려 파르르 떨리는 내 표정을 들키지 않은 것만도 다행스럽다. 굳은 몸과는 달리 얇은 신발을 통해 올라오는 발아래 감촉은 왜 이리 좋은지…….

칠흑 같은 어둠을 뚫고 앞으로 계속해 전진한다. 한참을 가다 흘낏 뒤돌아보니 500개의 횃불이 우리 뒤를 따르고 있다. 참으로 장관이다. 그 모습을 넋 놓고 한참이나 바라보고 있다. 어두운 바다를 뚫고 얼마나 들어갔을까? 육지에 설치한 조명 빛은 시야에서 사라졌다. 바람에 흩날리는 횃불의 불빛만이 우리 주위를 밝히고 있을 뿐이다.

이제 내가 생각했던 지점에 도착했다. 육지로 돌아가느냐 앞으로 계속 가야 하느냐 결정해야 할 순간이다. 발끝으로 물결이 바뀌는 것이 느껴진다. 들물이 시작된 것이다. 이제 뒤돌아야 한다. 조금이라도 지체하면 안전사고가 발생한다. 나는 서둘러 Back(뒤로)이라고 외친다. 조심스럽게 따르던 외국인들도 덩달아 Back이 아닌 Turn(턴)을 외친다. Back이면 어떻고 Turn이면 어떠하리. 그저 통하면 되는 것을……. 의사 전달이 잘되었는지 바닷길에 들어섰던 체험객들이 육지로 돌아서는 게 보인다. 뒤돌아선 500개의 횃불 위로 어둠을 사르고 여명이 내려앉는다.

횃불 들고 바닷길 건너기

다시 뒤돌아 우리가 지나온 바닷길을 돌아본다. 언제 우리에게 속살을 내주었나 싶게 바닷물이 출렁이고 있다. 육지로 올라서니 동녘 햇살이 우리를 비춰 준다. 밤새 추위에 얼었던 몸이 사르르 따뜻해진다. 바닷길을 함께 걸었던 외국인의 얼굴에도 홍조가 가득하다. 그들은 신비의 바닷길을 걷는 것도 행운인데 거기에 횃불을 들고 체험할 수 있다니, 평생 잊지 못할 추억이 될 것 같다고 두 손 들어 엄지척을 해댄다. 이렇게 처음 시도했던 '횃불 들고 바닷길 건너기'는 함께했던 이들이 각자의 숙소와 집으로 돌아가면서 끝이 났다.

'횃불 들고 바닷길 건너기'는 2013년 4월 진도 신비의 바닷길 축제 때 새롭게 도입했던 프로그램이다. 새로 만들어지는 축제가 아니고 기존에 하던 축제에 새로운 프로그램을 개발하여 도입하려면 여러 가지 절차와 수고가 더해진다. 우선 자료 수집부터 시작되어야 한다. 요즘 같으면 챗GPT를 활용하여 필요한 자료를 척척 찾아내겠지만, 인터넷이라는 망망대해를 서핑하며 필요한 자료를 찾아야 한다.

나는 이 축제를 위해 정기적으로 네이버나 다음 웹 사이트에서 자료를 수집했다. 요즘 들어서는 페이스북, 인스타그램에서 많은 정보를 얻기도 한다. 정보와 자료를 얻은 후엔 나만의 방식으로 정리해야 한다. 이런 과정을 거쳐 내가 새롭게 도입한 프로그램 '횃불 들고 바닷길 건너기'가 탄생했다.

이 프로그램은 외국인을 대상으로 한 체험행사를 도입하여 성공한 경우다. 도입에 어려움이 많았다. 먼저, 우리나라를 대표하는 축제들을 비교해 보기로 했다. 안동 국제 탈춤 페스티벌과 김제 지평선 축제 홈페이지를 찾아 장단점을 비교하고, 우리에게 맞는 프로그램이 없나 살펴보았다.

앉아 있어서는 안 될 것 같았다. 자리를 박차고 일어났다. 마침 휴일이라 김제 지평선 축제를 찾았다. 차로 2시간을 족히 달려 축제장에 도착했다. 우리나라를 대표하는 축제답게 상당한

규모를 자랑하고 있었다. 축제 안내 팸플릿을 들고 이곳저곳 기웃거렸다. 축제장이 넓은 평야여서 그런지 농경문화를 중심으로 체험과 볼거리를 풍성하게 구성하여 운영되고 있었다. 하지만 나의 시선을 잡는 프로그램은 따로 있었다. 늦은 밤에 횃불을 들고 행진하는 프로그램이었다. 이때만 해도 축제장에서는 야간에 가수들 공연만 했지 체험 프로그램을 운영하지 않을 때였다.

5시간을 기다려 횃불을 하나 받아서 들었다. 각 동과 면별로 인원이 동원되어 횃불을 들고 축제에 참여하고 있었다. 1,000여 명이 횃불을 들고 가는 모습이 장엄하게 느껴졌다. 아, 이거구나! 횃불을 우리 축제에 접목하자.

돌아온 다음 날 바로 계획을 세워 전문가들에게 자문을 얻었다. 참신하고 우리 축제에 잘 맞는 프로그램이 될 것 같다고 이야기해 준다. 자신감이 생겼다. 바로 세부 준비에 들어가 다음 해 축제 때 새롭게 선보이게 되었다. 그야말로 대박이 났다. 참여한 외국인들로부터 호평도 받고 언론에도 대서특필되었다. 제주 들불 축제 등 여러 축제에 비법도 전수했다. 문화관광부에서 지정하는 축제 등급도 한 단계 올리는 핵심 프로그램 역할을 톡톡히 해냈음은 물론이다.

축제는 본연의 정체성을 지켜야 한다. 그리고 지속적으로 발전도 해나가야 한다. 이는 아무리 강조해도 지나치지 않다. 그래야만 존속성을 유지하며 축제가 살아남을 수 있기 때문이다. 한때 명성을 자랑하던 축제가 슬그머니 없어지거나 쇠퇴한 경우가 많다. 그 축제들의 면면을 들여다보면 너무 현상 유지에만 매몰돼 있었지 않았나 보인다. 그들 나름의 이유가 있었겠지만, 새로운 변화에 적응하지 못해 그 지경에 이르지 않았나 반성해야 한다. 이러한 이유로 축제에 새로운 프로그램이 개발되어 도입되는 것이 매우 중요하다.

기존 프로그램의 20~30% 정도를 과감히 신규 프로그램으로 교체해 가야 한다. 그러면 보인다. 그리고 발전해 나갈 수 있다. 더 나아가 축제에 상존해 있던 문제점이 보이고 해결해진다. 축제에 더 나은 내용이 더해지고 새로운 경험도 제공된다. 하지만 이 과정들이 쉽지만은 않다. 많은 도전과 노력이 필요함은 물론이다.

기존에 자리 잡고 있던 프로그램을 바꾸는 것 또한 만만치 않은 일이다. 기존 프로그램을 해왔던 관련자들의 반발을 무시할 수 없기 때문이다. 특히 지역사회에서의 반발은 상상을 초월한다. 그야말로 공포, 그 자체다. 다 짜인 프로그램이 불과 하루 전에 바뀐 경우도 있을 정도이니 말이다. 하지만 이러한 도전을 지속해야 한다. 이는 축제를 새롭게 변화시켜 사회 발전을 끌어내는 원동력이 된다.

새로운 프로그램을 개발하고 도입하기 위해서는 많은 시간과 노력이 필요하다. 사전에 철저한 준비는 물론이고 주변인들과 끊임없는 대화를 통한 교감, 피드백 수렴 등의 과정을 거쳐야 한다. 새로운 아이디어가 제안되고 검토를 거쳐 채택되어 곧바로 실천으로 이어져야 한다. 단순한 구상에 그치지 않고, 실제로 행동에 옮겨지도록 노력해야 하는 것이다. 새로운 프로그램 개발은 쉽지 않은 과정이지만, 끊임없는 노력과 도전을 통해서만 결실을 맺을 수 있다. 포기하지 않고 계속해서 노력하는 것이 중요한 이유이기도 하다.

창의성과 혁신 또한 새로운 프로그램 개발에 있어 매우 중요한 요소이다. 기존의 틀을 벗어나 새로운 아이디어와 접근방식을 시도하는 것이 필요한 것이다. 이를 통해 더 나은 해결책을 찾아낼 수 있기 때문이다. 또한 혁신적인 사고와 실행은 프로그램의 차별화와 경쟁력 향상에도 기여할 수 있을 것이다.

진도 신비의 바닷길 축제는 1978년부터 햇수로 33년간을 치러온 대한민국을 대표하는 축제다. 하지만 프로그램은 신비의 바닷길이 열렸을 때 걷기 체험과 진도의 민속공연을 하는 게 전부라 할 정도로 진부한 프로그램들로 채워져 있었다. 그야말로 해마다 하던 걸 계속하고 있었던 것이다. 군민과 관광객들로부터 외면을 받을 절체절명의 상황이었다. 뭔가 새로운 전기가 마련되어야 할 정도로 심각했다.

진도 신비의 바닷길 축제가 이렇게 된 이유는 여러 가지를 들 수 있다. 첫 번째는 담당자의 잦은 보직 변경을 들 수 있다. 부패 방지와 투명성 제고를 위해 도입된 공무원 보직 변경 제도가 축제 등 전문성이 필요한 분야에서도 적용되었다. 그야말로 알만하면 다른 곳으로 발령이 나기 일쑤이니 누가 깊이 있게 배우려 할 것인가? 1년 6개월만 있으면 다른 곳으로 가게 되니 '에라 모르겠다.' 하고 기존에 하던 걸 답습만 하고 있었다.

두 번째로는 지역 발전과 주민 복지를 위해 헌신하겠다는 축제 공무원의 소명 의식의 결여다. 축제는 지역 경제 활성화와 지역 이미지 제고에 중요한 역할을 한다는 소명 의식을 가지고 지역 발전을 위해 노력해야 함에도 그러지 못한 것이다.

세 번째는, 축제 기획 및 운영에 필요한 전문성과 역량이 부족함을 이야기할 수 있다. 전문성과 역량을 키우기 위해서는 필요한 교육과 식견을 넓힐 기회가 자주 주어져야 한다. 외국 유명 축제 등 선진지 견학 등이 필요하건만 축제 담당자가 접하기에는 어려운 게 현실이다.

요즘 들어 전국의 지자체 관광과에 축제팀이 만들어지고 있다. 전문 계약직도 앞다투어 채용하고 있다. 필자도 채용 면접관으로 참여하여 본 바에 의하면 현장 경험이 풍부하고 축제에 대한 사명감들이 대단하였다. 다만, 이들이 기존 공무원들과의 조화를 어떻게 풀어 나가야 하는 문제인데 이 부분만 잘 풀어간다면 축제의 비약적인 발전이 있으리라 본다.

02 이 시골에서 'K-POP 콘서트'를

2012년 관광과에 팀장이 되어 돌아온 나에게 큰 숙제가 주어졌다.

지역경제 활성화를 위해서는 관광객 유치가 최고의 목표다. 관광객을 불러들여 할 수 있는 지역경제 활성화 방안은 수없이 많다. 관광객 유치를 위해 지방자치단체들이 앞다투어 다양한 시책들을 펼치고 있는 이유이기도 하다. 진도군에서도 청정한 자연과 민속 문화 등을 활용한 다양한 사업을 추진하는데, 그중에 축제가 큰 몫을 차지한다.

2월에 왔으니 발등에 불이 떨어졌다. 두 달 후인 4월에 신비의 바닷길 축제를 치러야 하기 때문이다. 우선 급한 대로 기존의 행사를 답습한 계획을 세워 축제를 준비해 갔다.

촉박하게 축제 준비에 박차를 가하고 있던 우리에게 군수님의 특별명령이 떨어졌다. 국내 정상급 아이돌 그룹이 참여하는 'K-POP 콘서트'를 하라는 게 아닌가. 아연실색할 수밖에 없었다. 지금이야 K-POP이 전 세계에 우리나라를 알리는 첨병 노릇을 하고 있지만 그때는 지금과는 상황이 완전히 달랐다. 주변에 확인해 보니 초중고 학생들이나 이들 가수를 알고 있을 뿐이다. 더구나 이런 시골에서 K-POP 공연이라니…….

더 큰 문제는 이 프로그램에 2억 원에 가까운 예산이 쓰인다는 것이었다. 축제 전체 예산이 5억 원도 안 되는 형편에 너무 많은 예산이 한곳에 쓰이면 필시 다른 프로그램들이 부실해질 수밖에 없는 상황이었다. 재고해 달라고 여러 번 말씀드렸다. 하지만 막무가내다.

어쩔 수 없었다. 행사 기획사와 머리를 맞댈 수밖에…….

축제보다 처음 해보는 K-POP 콘서트 준비가 더 어렵다. 우선 장소 섭외가 문제다. 우리가 요구하는 곳과 방송국의 생각이 너무 다르다. 우리는 상가와 가까운 곳을 선호하고 방송국에서는 TV 화면에 비치는 풍경과 안전을 우선하기 때문이다. 장소 탐색을 함께 다녔다. 겨우 장소를 정하고 행사 준비에 들어간다. 다음은 출연자 섭외다. 당시 잘 나가던 K-POP 스타 중에서 고르면 된단다. 하지만 우리가 두 팀만 추천하고 나머지는 방송국에서 섭외하는 것으로 정리하였다. 두 명의 출연자는 진도와 인연이 있는 친구들로 골랐다. 씨스타와 팝핀현준·박애리다. 특히 박애리는 진도와는 인연이 아주 깊은 판소리 하는 친구로 지금은 수많은 방송 활동을 하는 스타가 되었다. 이렇게 해서 씨스타, B1A4, 박재범, 천상지희, MC스나이퍼, 쇼콜라 등 화려한 라인업이 구성되었다.

방송사 관계자는 이 정도의 라인업이면 최소 만오천 명 이상이 모일 것이라고 너스레를 떤다. 안전시설을 보강하고 안전요원을 3배 넘게 배치해야 한다고 난리다. 곧바로 다른 과의 인원을 배치하여 안전에 문제없게 조치하였다. 축제의 마지막 날 당대 최고의 뮤지션들이 함께한 K-POP 콘서트는 청소년들의 열렬한 응원 속에 치러졌다. 하지만 관객 수는 우리의 기대와는 달리 예상했던 3분의 1도 차지 않았다. 사실상 흥행에 참패한 것이다. 이후부터는 군수님께서 축제 프로그램에 전혀 개입하지 않으셨다.

우리에게 전권을 일임하셨기 때문이다.

03 치밀한 준비만이 살길이다

진도는 248개의 섬으로 이루어져 있으며 고려 시대 이후 왕족과 사대부들이 유배를 많이 온 곳이다. 조선 시대에는 국내에서 귀양 당한 사람이 가장 많이 살던 곳이기도 했다. 서울에서 먼 지역이라는 점 때문에 그랬을 것이다. 기록에 따르면 모두 700명이 전국에 걸쳐 유배를 당했는데 그 가운데 54명이 진도로 귀양 보내졌다는 기록이 있을 정도다. 그래서일까. 진도는 섬 지역만의 독특한 특성에 유배해 온 상류계층의 한(恨)이 진도 지역 특유의 지역 문화의 속성들과 어우러져 고유의 민속 문화를 유지해 오고 있다.

진도에는 유네스코 인류무형 문화유산 3종(강강술래·소포걸군농악·진도아리랑) 국가 지정 무형유산 4종(강강술래·남도들노래·씻김굿·다시래기)과 도 지정 무형유산 6종(진도북놀이·진도만가·남도잡가·소포걸군농악·조도닻배노래·진도아리랑)이 남도

민요·민속의 원형 그대로 보존 ·전승되고 있다. 2014년에는 대한민국에서 유일하게 민속문화예술특구에 지정되기도 하였다.

진도의 인간문화재와 함께 프로그램 운영

2012년 진도 신비의 바닷길 축제를 마치고 진도의 정체성과 민속 문화를 널리 알리고자 새로운 프로그램을 구상하였다. 내 딴에는 몇 년 후에 무형문화재 엑스포까지 발전시킨다는 야심 찬 생각으로 기획한 '진도의 인간문화재와 함께'라는 프로그램이었다.

강강술래를 비롯한 진도의 대표 민속 문화를 한자리에 모아 공연도 하고 체험도 하는 프로그램이었다. 먼저, 참여 단체를 확보하는 게 급선무였다. 각 보존회를 찾아다니며 행사의 취지를 설명하자 다들 함께하겠다고 한다. 행사 부스를 축제장에서 가장 중요한 장소에 설치하였다. 참여 보존회별로 자료를 수집하여 부스 내부를 그럴싸하게 꾸몄다. 그러다 보니 일반 부스보다 3~4배 많은 예산이 소요되었다. 별도의 행사장을 꾸며놓고 보니 성공하겠다는 자부심이 차올랐다.

축제 날이 되었다. 각 보존회의 문화재 선생님들이 자리를 잡고 체험을 시작하였다. 아뿔싸! 시작하자마자 문제가 발생한 게 아닌가? 각 부스에서 내는 악기 소리에 옆 부스에서는 의사소통이 안 될 정도가 된 것이다. 체험이고 뭐고 사방에서 난리다. 진도의 민속들이 악기와 소리를 사용한다는 특성을 망각하고 한 군데에 몰아서 부스를 설치한 결과였다.

서둘러 단체별 체험 시간을 달리하여 진행하였다. 그러나 이마저도 제대로 지켜지지 않아 축제 내내 문제를 일으켰다. 야심차게 준비한 프로그램이었는데 제대로 준비가 되지 않았던 것이다. 나중에는 보존회에서도 이의 제기를 해 왔다. 사전 협의와 전문가들의 자문 없이 추진하여 처참한 결과로 이어진 것이다. 검증도 없이 너무 급하게 만들다 보니 졸속으로 추진되었지 않았나 반성해 본다.

이 프로그램은 다음 해에 약간의 보완을 거쳐 추진하였다가 결국 역사 속으로 사라지게 되었다. 철저한 준비 없이 추진했다 실패를 본 사례라 하겠다. 하지만 지금도 늦지 않았다. 누군가 나서서 진도, 더 나아가 남도의 민속 문화를 활용한 엑스포를 준비하여 치러 냈으면 하는 바람이다.

04 기회는 찾는 자에게 온다

2012년 축제에 외국인들이 갑자기 많이 보였다. 우리 축제가 외국에 많이 알려져 있다지만 일본에서 전세기나 크루즈로 오는 분들을 제외하고는 그리 많은 외국인이 방문하지는 않았는데 갑자기 외국인들이 축제장에 많아진 것이다. 그렇다고 우리가 외국인 모객이나 홍보 활동도 특별히 한 것도 아니어서 의문이 생겼다.

지나가는 외국인을 붙잡고 어디서, 어떻게 왔느냐고 물어보았다. 이구동성으로 외국인들만 모객하여 축제를 방문하는 전문 여행사를 통해 왔다는 것이다. 즉각 내용을 알아보았다. 세상에, 국내에 외국인들을 대상으로 모객하는 여행사가 여러 곳이 있었다니……. 이번에도 이들 여행사에서 모객하여 우리 축제장을 찾아온 것이다. 예전에는 소규모로 운영하다가 아예 전문적으로 외국인들을 모객하여 축제장을 방문한 것이다.

다행스럽게 한 곳의 책임자 연락처가 확보되었다. 축제가 끝나고 며칠 후 서울 가는 KTX에 몸을 실었다. 서울역 앞 카페에서 마주 앉았다. 알고 보니 평범한 회사원이다. 우연히 외국인 친구 몇 명을 국내 여행에 안내하다 주말엔 투잡하고 있다고 한다. 자기는 주말과 휴일에만 소규모로 운영하고 있고 외국인 전문 여행사가 있다고 몇 곳을 알려 준다. 이로써 외국인 관광객을 유입시킬 수 있는 절호의 기회를 잡게 되었다.

가장 규모가 크다는 곳과 연락을 취했다. 다행히 연락이 닿았다. 이곳에서는 이후 해마다 수백 명의 외국인들을 모객하여 우리 축제와 관광지를 방문하였다. 또한 인근 장흥 물 축제, 보성 다향제 등에 소개해 주어 축제의 변화를 꾀했다. 지금도 이곳 축제에 많은 외국 관광객이 방문하고 있는 것으로 알고 있다.

2013년 축제 준비가 한창이던 한겨울에 축제 자문을 위해 전문가들이 진도에 모였다. 내년 축제의 준비사항과 미진한 부분에 대해 미리 점검해 보기 위해서다. 축제 전문가, 관광 전문 기자, 외국인 모객 여행사 대표 등 7명이 한자리에 모였다. 많은 이야기가 오고 간다. 내년도 축제 이야기는 붉디붉은 홍주와 함께한다. 새롭게 도입할 프로그램들이 안줏감으로 오른다. 더불어 지금까지 구상했던 모든 프로그램도 대기 중이다.

먼저 내가 나서본다. 김제 지평선 축제 다녀온 이야기, 늦은 밤 횃불을 들고 행진했다. 충격이었다. 내년에 우리 축제에도 이를 접목하면 어떻겠냐……. 많은 이야기를 주섬주섬 꺼내 놓았다. 다행히 내가 꺼내 놓은 이야기로 시간 가는 줄 모르고 열띤 토론이 이어진다. 음식 솜씨 좋은 여자 주인장이 문 닫을 시간이 한참 지났다고 마지못해 이야기할 때까지…….

첫날 못 끝낸 이야기는 다음 날도 계속되었다. 다음은 외국인 관광객 유치에 대한 이야기다. 이때만 하더라도 어느 축제장에서든, 외국인을 유치하기 위해서는 참가 기간에 드는 모든 경비를 초청자가 지원해 주고 있었다. 하지만 우리 축제는 한국판 모세의 기적을 보기 위하여 별다른 지원 없이도 외국인들이 찾을 것 같다고 외국인 모객 여행사 대표가 정리를 해주었다. 다만, 축제 프로그램에 외국인들이 즐길만 한 체험 행사를 만들어 주면 좋겠다고 하였다.

전문가들의 많은 제안과 이야기를 들을 수 있었던 팸투어는 2일간의 일정으로 끝이 났다. 팸투어를 통해 축제 구성 방법, 진행 요령, 프로그램 개발, 홍보 방법 등 많은 걸 배울 수 있었던 좋은 기회였다. 이후 외국인 모객 여행사들과 협의를 거쳐 2013년 축제에 1,250명을 직접 유치하였다. 축제 집계에 의하면 이때 찾은 외국인 관광객이 75,170명이었다. 실로 많은 외국인들이 우리 축제를 찾아 주었다. 사전에 준비하여 차질 없이 진행하고 적재적소에 홍보한 게 주효했던 것 같다.

이후에는 명량대첩축제와 다른 시군 축제에도 수백 명의 단체로 방문하는 성과로 이어졌다.

05 외국인을 춤추게 하라

요즘 축제장이나 관광지에 가면 외국인들이 많이 보인다. 12년 전과는 완전히 다른 모습이다. K-pop 등 한류의 영향이지 않나 생각된다. 2013년 신비의 바닷길 축제를 준비하면서 외국인 30명을 초청하여 팸투어를 진행하였다. 미국, 호주, 케냐 등 다양한 국적의 외국인들이 참여하여 우리 군 관광자원과 민속예술을 느끼는 시간을 만들었다. 각기 느낌은 다르지만, 민속공연의 빠른 비트에 반응하고 진도개(표준어는 진돗개지만 천연기념물상에서는 진도개로 등록되어 있다. 이는 원산지인 진도를 분명히 드러내야 한다는 진도 지역의 의견을 국가유산청이 수용하여 심사를 통과한 진도군의 진돗개에 한해서만 진도개라는 명칭을 사용하기로 한 것이다. 따라서 이 책에서는 진도개로 표시함)와 교감하며 사진 찍는 걸 좋아하는 걸 보게 되었다. 됐다, 이거구나. 자신이 생겼다.

며칠 후 외국인 모객 여행사 대표들에게 이렇게 알렸다. 진도에서 하루 숙박, 세 끼니 이상 식사, 체험 프로그램 하나 이상 참여하는 조건으로 1인당 1만 원을 지원하겠다고…….

반응은 폭발적이었다. 여행사들이 모객을 시작한 지 며칠 만에 마감이 된 것이다. 진도의 숙박 여건이 여의치 않아 많은 외국인을 모객하지 못한 것이 아쉬울 뿐이었다.

이렇게 하여 여행객으로 모집된 외국인이 1,250명이었다. 이때 참여한 외국인들의 활약은 축제 기간 내내 이어졌다. 썰렁했던 체험장에 외국인들로 넘쳐났다. 공연장에 자리 잡고 서툴지만 추임새도 넣으니 공연의 맛도 살아났다. 덩달아 우리나라 사람들도 체험에 열중이다. 한산했던 체험장에 사람들로 넘쳐나 긴 줄이 생겨났다. 이전까지는 볼 수 없었던 모습이었다.

외국인 축제 체험

이들을 향토문화회관에서 열리는 토요민속공연에도 참여시켰다. 공연 내내 연신 원더풀이다. 실내 공연이 끝나고 야외로 자리를 옮긴다. 먼저, 농악이 흥을 돋운다. 나라별로 제각각 추어 대는 춤사위는 다르지만 흥겨움은 최고조다. 이제, 진짜 마지막이다. 공연자들과 외국인들이 한데 어우러져 강강술래를 한다. 그 넓은 야외마당에 하나로 만들어졌던 원이 5개, 10개로 계속하여 만들어졌다.

축제의 밤이다.

다음 날 '횃불 들고 바다 건너기' 프로그램이 꼭두새벽이라 아예 올나이트 공연을 진행하기로 하였다. 외국인 밴드의 기타 소리에 분위기가 한껏 달아오른다. K-pop 이미테이션 그룹이 싸이의 강남스타일을 부르자 행사장은 그야말로 아우성이다. 자정이 넘어서자 여기저기 취기가 오른 남자 외국인의 손길이 예사롭지 않다. 함께 즐기는 여성들에게 성추행에 가까운 행동을 하는 것이다.

추위에 몸을 녹이라고 곳곳에 준비해 둔 장작더미에서 불이 붙은 장작을 들고 위험한 행동도 해댄다. 긴급히 회의를 소집했다. 계속 진행했다가는 사고의 위험이 있어 공연을 중단하기로 하였다. 다행스럽게 우리의 결정에 큰 항의나 물리적 충돌은 없었다. 남은 시간은 3시간이다. 스태프와 현장을 돌아본다. 4월 초의 제법 쌀쌀한 날씨임에도 바닷가 잔디밭에서 삼삼오오 짝을 이뤄 밤을 지새우고 있다.

제법 길게 느껴지는 3시간이 흘러갔다. 오늘 바닷길 열림이 새벽 5시다. 4시에 바닷길 입구에서 횃불을 나눠주기 시작했다. 준비한 횃불은 500개라 외국인 모객 여행사별로 나누어 주었다. 횃불을 받지 못한 외국인과 국내 관광객들의 항의가 빗발친다. 양해를 구할 수밖에 없었다.

4시 30분, 내가 앞장을 서고 횃불을 든 외국인들이 나를 따른다. 어둠을 횃불로 비추니 몽환적인 느낌이 난다. 물길이 바뀌어 멀리 못 가고 되돌아왔다. 새벽을 밝힌 횃불은 꺼지고 외국인들은 각자의 숙소로 돌아가 아침 식사를 하였다.

숙소에서 쉬고 점심때쯤 나온 외국인들이 축제장을 점령한다. 새벽녘 신비의 바닷길을, 횃불을 들고 경험한 그들의 눈에 이국의 풍경이 눈앞에 펼쳐져 있다. 단연 인기는 진도개 묘기 자랑이다. 진도개들이 선보이는 묘기에 연신 감탄사를 자아낸다. 귀여운 진도개 강아지와 사진을 찍느라 긴 줄을 서서 기다리는 것도 즐거워한다. 옆을 보니 남종화 그리기, 진도민속문화 체험에도 장사진을 이루고 있다.

한쪽에선 바닷길이 열리는 모도에 들어가기 위해 외국인 300명이 기다리고 있다. 이들을 태울 선박이 행사장 선창에 뱃머리를 댄다. 차례로 배에 승선하여 10여 분 신비한 섬 모도를 향해 간다. 시원한 바람을 가르고 배는 모도에 닿았다. 이들은 오늘 모도에서 뽕할머니 가족을 대신하여 바닷길을 건너오는 체험을 하게 될 것이다. 모도에 도착한 외국인들을 반기는 것은 진도북놀이 공연팀이다. 한참을 함께 공연도 보고 진도북놀이 체험도 하면서 시간을 보내다 바닷길 열림 때 깃발을 들고 신비의 바닷길을 건너왔다. 1시간이 넘는 길을 깃발을 들고 오기 힘들었을 것인데도 끝까지 즐겁단다.

06 국내 최초로 글로벌 존이 만들어지다

어느 축제장이든 먹거리 때문에 고민을 많이 한다. 우리 축제장도 먹거리로 많은 애를 먹었다. 마을 청년회 등 단체들이 나서 음식을 조리하여 내놓는데 음식 맛이 영 아니었다. 국밥, 해물파전 등 내놓는 음식도 국내 어디서나 먹을 수 있는 특색 없는 음식일 뿐이다. 명색이 외국인 몇만 명이 방문하는 축제장에 이들이 먹을 음식이 없다는 것은 심각한 문제였다. 방법을 찾아내야 했다.

축제를 앞둔 3월에 광양 매화 축제장을 찾게 되었다. 화사하게 핀 매화 사이로 각설이 공연이 귀가 따갑다. 각설이들의 흥에 따라 사람들의 엉덩이가 씰룩인다. 한쪽 어귀에 처음 보는 광경이 펼쳐져 있다. 다름 아닌 세계 각국의 인기 음식을 만들어 파는 푸드 차량들이 모여 있었던 것이다.

러시아의 샤슬릭이 숯불에 맛있게 구워지고 있다. 그 옆의 일본의 타코야끼, 독일의 소시지는 더욱 먹음직스럽게 보인다. 터키 전통 복장을 한 아이스크림 파는 아저씨의 익살스러움이 축제장에 넘쳐나고 있다.

신나는 음악 소리와 율동에 시선이 사로잡힌다. 라디오에서나 들었을 듯한 인디언 음악이다. 뭐 눈에는 뭐만 보인다고 우리 축제에 규모를 키워서 하면 딱 제격일 것 같았다. 책임자를 찾았다. 만난 그 자리에서 다음 달에 개최되는 우리 축제에 와줄 수 있느냐고 단도직입적으로 물었다. 한참을 생각하더니 다음 날 진도를 방문하여 현장을 보고 결정하겠단다.

다음 날 진도를 방문한 책임자와 현장을 찾았다. 여러 공간을 둘러보았다. 마땅한 장소가 보였다. 우리는 이곳에 글로벌 존을 만들자고 의기투합하였다. 세계 음식뿐만 아니라 각국의 대표 민속공연을 볼 수 있는 공연도 함께 선보이기로 하였다. 이로써 글로벌 존을 구성할 수 있는 구상을 마치게 되었다.

글로벌 존 운영

축제 날이다.

글로벌 존에 첫날 이른 아침부터 인산인해를 이룬다. 축제장을 찾은 관광객들과 군민들이 처음 보는 외국 유명한 음식에 흠뻑 빠져든다. 옆의 공연장에서는 극장이나 가야 볼 수 있던 세계 각국의 공연을 계속하여 볼 수 있으니 이 얼마나 신나는 일인가. 밤에도 신나는 EDM 올나잇 스탠드 쇼가 이어졌다.

축제장에 새로운 볼거리가 생겼다는 소문이 났다. 축제 내내 이곳은 문전성시를 누리게 된다. 글로벌 존에 세계 음식과 외국 공연만 있었던 게 아니다. 이곳은 축제 기간 외국인들의 만남의 장소가 되었으며 외국인 밴드 공연, 장기 자랑들이 이어졌다.

다음 해부터는 모세의 기적 플래시몹, 글로벌 씨름대회가 추가되어 볼거리가 풍성해졌다. 지금은 전국의 많은 축제장에서 글로벌 존을 운영하고 있다. 초창기에 이룬 성과로 다른 시군에서 벤치마킹해 가는 프로그램을 구성하여 운영하였다는 자부심을 느끼고 있다.

07 축제 등급을 올려라

진도 신비의 바닷길 축제는 1978년에 시작하여 지금은 45회까지 치른 전통과 역사를 자랑하는 축제다. 1996년과 1997년 문화체육부 지정 10대 지방축제, 1999년에는 전국 10대 육성축제, 2002년과 2003년에는 우수향토축제에 지정되는 등 전국을 대표하는 축제였다. 그러나 지방자치단체가 민선으로 바뀌면서 전국에 수많은 축제가 생겨났다.

이때부터 우리 축제에도 부침이 있었다. 4년간을 타이틀 없는 축제로 지내다가 2006년 들어서야 문화체육부 지정 유망축제에 들어가게 된다. 이후 2년 후 우수축제에 지정된 후 5년간을 우수축제에 머물러 있었다.

축제 등급을 한 단계 올리기 위한 전략을 수립해야 했다. 2012년 첫 축제는 시간적인 여유가 없어 준비가 부족하여 어찌할 수 없었고 2013년에 치러지는 축제부터는 등급을 한 단계 올릴 수 있도록 큰 노력을 하였다. 축제를 철저히 축제 평가표에 의해 준비하였으며 특히 전년도 지적 사항 보완에 많은 심혈을 기울였다. 주된 지적 사항들은 안내표지 부착, 화장실 관리, 쓰레기 관리 미흡 등이었다. 축제도 신규 프로그램을 많이 구성하여 축제의 질을 끌어올렸다. 평가 위원들과의 접촉을 늘리기 위해 관련 워크숍과 학술대회에도 적극 참가하였다.

축제 평가는 노출이 아닌 암행 평가로 하게 되어 있다. 그러나 어떻게 해서든 축제 평가 위원 명단과 평가표를 사전에 확보하였다. 축제 진행은 직원에게 맡기고 내가 직접 나가 평가 위원을 안내했다. 처음에는 거부하던 위원들도 어쩔 수 없음을 알고 동행하게 되었다. 지적받을 만한 사항이 있는 곳은 돌아서 다녔다.

그러나 평가 위원들은 역시 달랐다. 다음 날 새벽에 혼자 와서라도 기어이 보고 평가를 하는 거였다. 다행히 새로 도입한 횃불 들고 바닷길 건너기. 글로벌 존, 인간문화재와 함께, 외국인 유입 방안 등에 대해 후한 점수를 줬다.

연말에 발표된 축제 평가에서 한 등급 오른 최우수 축제에 선정된 것이다. 이로써 5년간 우수축제에 머물렀던 등급을 최우수 축제로 한 단계 끌어올리게 되었다. 이후, 계속하여 최우수 축제에 선정되는 영광을 안게 된다.

여기서 팁 하나, 모든 평가나 공모사업 응모 시에는 평가표에 의한 준비를 해야 한다. 우리 축제를 예로 들자면 바닷길 열림이라는 킬러 콘텐츠와 많은 축제 경험이 있어 좋은 등급을 받을 것으로 생각하였다. 하지만 평가표에는 축제 프로그램 운영뿐만 아니라 축제장 진입 동선, 교통, 쓰레기 처리, 안내 시스템 등 분야별 평가 요소들이 있다. 이 부분들에 대한 준비가 부족하여 몇 년을 우수축제에 머물러 있었다. 이를 보완하여 축제를 치르니 최우수 축제에 선정된 것이다. 요즘은 2년에 한 번씩 축제 평가를 한다고 한다. 평가 때문에 많은 준비를 해야 하는 공무원들의 어깨는 가벼워졌을지는 모르나 꾸준한 평가를 통해 축제의 발전이 이루어졌으면 하는 바람이다.

08 개막식장에 사람이 없다

"큰일 났습니다. 식장에 사람들이 너무 없어 개막식을 진행할 수 있을지 모르겠습니다."

2012년 진도 신비의 바닷길 축제 개막식장을 담당하는 직원이 숨넘어가는 목소리로 전화했다. 차근차근 이야기하라고 말하니 500명 이상이 참석하는 개막식장 식전공원에 예상인원의 1/10분도 안 되는 30여 명밖에 없다는 것이다. 시간을 보니 개막식 시간까지는 채 30여 분도 남지 않았다. 예전 축제에서는 이 시간 정도이면 거의 만석을 이루어야 할 시점이었다. 하필 나는 축제 점검과 개막식에 참석하기 위하여 온 문화체육관광부 축제 담당 서기관을 안내하고 있던 터라 개막식장과는 약간의 거리가 있는 곳에 있었다.

이 위기를 벗어날 방법을 생각해 보았다. 방법은 축제 현장에 나와 있는 공무원을 동원하는 방법밖에 없을 것 같았다. 축제 근무 인원 배치를 담당하는 부서장에게 상황을 알리고 직원들이 개막식장으로 올 수 있도록 안내를 부탁드렸다. 다행히 근처에 있는 직원들과 나중에 들어온 관광객까지 300여 명이 참여하여 개막식을 가질 수 있었다.

개막식을 끝내고 이유를 알아보았다. 여러 가지 요인이 있었으나 우선, 우리 군민들이 축제 횟수에 비례하여 참여도가 매년 큰 폭으로 떨어지고 있었다. 그리고 관광객들은 신비의 바닷길이 열리는 오후 늦은 시간에 집중하여 축제장에 들어오고 있었다.

축제가 지속성을 가지면서 성공하기 위해서는 그 지역의 고유한 문화와 역사, 자연환경 등을 잘 반영하여 축제를 개최해야 한다. 지역의 특성을 잘 살린 축제는 주민들의 자부심을 높임은 물론이고 관광객들의 관심을 끌 수가 있다. 특히 지역 주민들의 적극적인 참여와 협조가 필수적이다. 이를 위해서 주민들이 자발적으로 참여하고 즐길 수 있는 프로그램을 마련하는 것이 무엇보다도 중요하다. 또한 다양한 연령대와 취향을 고려한 프로그램 구성은 필수 요소다. 공연, 체험 활동, 전시 등 다양한 콘텐츠를 제공하여 더 많은 사람들이 축제를 즐길 수 있도록 해야 함에도 우리는 그것을 망각하고 있었다. 똑같은 프로그램에 우리 군민들이 참여할 만한 거리를 만들어 주지 못해 개막식장뿐만 아니고 행사장 전반에 군민들의 참여도가 떨어진 것이다.

'자라 보고 놀란 가슴 솥뚜껑 보고 놀란다.'라고 축제가 끝나자, 대책을 수립해야 했다. 여러 가지 방안들이 떠 올랐다. 우선 개막식장에서 귀빈 소개는 최대한 짧게 하고 지루함과 참석자들로부터 원성을 샀던 인사말을 과감히 없애기로 하였다. 핑곗거리는 있었다. 문화관광축제 평가 시 인사말 유무가 평가 항목에 있다고 둘러댈 수 있었기 때문이다. 인사말 대신 화려한 퍼포먼스를 개막식장에서 펼치기로 하였다. 개막 식전에 하는 공연도 그간의 우리 군 민속공연을 탈피하여 인지도 높은 공연팀을 초대하여 주민들과 관광객들의 시선을 유도하기로 하였다. 그러나 이것만으로는 개막식장을 채울 수는 없을 것 같았다. 특단의 방법을 강구해야 했다.

근데 이때 2007년에 방문했던 '이탈리아 시에나 팔리오 축제'가 생각났다. 팔리오 축제는 이탈리아 토스카나 지방 시에나 시에서 개최되는 축제였는데, 축제 주 프로그램은 경마 경주였으나 채 2분도 안 돼 끝났다. 그런데 경주전에 17개의 지역이 각 지역별로 나타내는 화려한 중세 복장의 행렬과 의식이 내 눈을 사로잡았던 기억이 났다.

이걸로는 부족하다 싶어 사례조사를 더 해보았다. 먼저, 세계 유명축제를 알아보았다. 화려한 삼바 퍼레이드의 브라질 리우 카니발, 운하를 배경으로 화려한 가면과 의상으로 유명한 이탈리아 베니스 카니발, 카리브해 문화와 음악을 반영한 화려한 퍼레이드가 주요 행사인 영국 노팅힐 카니발 등이 세계적인 거리 행진 축제로써 명성을 알리고 있었다. 우리나라에도 광주 추억의 충장축제, 안동 국제 탈춤 페스티벌, 진주남강유등축제 등이 거리 퍼레이드를 강화하여 축제의 대표 프로그램화 해나가고 있다는 것도 알게 되었다.

우리도 거리 퍼레이드를 도입하기로 하였다. 우리 군이 7개 읍면으로 읍면별로 100명에서 150명이 참여해도 700~1,000명의 인원을 확보할 수가 있었다. 계획을 세우고 담당 부서 지정과 읍면 관계자 회의를 통해 새로운 프로그램 도입을 알렸다. 아니나 다를까 여기저기 많은 반대에 직면했다. 예상됐던 반발로 차분한 설득을 통해 다음 해 축제부터 도입하게 되었다. 처음에는 엄청난 반대를 했던 읍·면에서는 다양한 퍼포먼스와 분장 등을 준비해 왔다. 또 하나의 새로운 볼거리가 탄생한 것이다. '뽕할머니 가족 대행진'은 이후 신비의 바닷길 축제 주요 프로그램으로 자리를 잡게 되었다. 이후 축제부터는 개막식장에 사람이 없다는 소리는 나오지 않게 되었다.

다음 해 가을에 개최된 명량대첩축제에 해남군 14개 읍·면,

진도 7개 읍·면, 외국인 관광객 등 7천여 명이 참여하는 출정식 퍼레이드를 처음 도입하여 축제 대표 프로그램으로 자리 잡게 하였다.

명량대첩축제는 1597년 9월 16일 이순신이 지휘하는 조선 수군의 함선 13척이 명량 해협에서 일본 수군 함선 133여 척을 격퇴한 세계 해전사에서 유례없는 명량해전을 기념하는 호국 역사문화축제다.

진도 신비의 바닷길 축제 개막식장 관객들

09 먼 남쪽에서 왔서라

"어디에서 오셨는 게라?"

한판 걸쭉히 뛰고 온 북놀이패를 향해 조심히 물어온다. 이제 갓 공연을 마쳐 가쁜 숨을 몰아쉬던 단원이 "먼 남쪽 진도에서 왔서라." 하고 장단을 맞춘다.

서울에 진도를 알리러 왔다.

서울하이페스티벌에 초대되어 한국관광공사 앞마당에 진도 민속 장터를 차린 것이다. 진도개 묘기와 진도북놀이 공연에 구름 관중이 몰려든다. 조용하던 청계천이 야단법석이 났다. 서툰 솜씨지만 내가 진도와 북놀이를 소개하고 공연이 시작된다. 4명의 사물 반주단이 뒤에 서고 5명의 남성 무희가 합을 맞추어 간다. 자진모리에서 굿거리까지 차츰 빠른 장단으로 쉼 없이 넘나든다. 짜임새 있는 구성과 속도의 변화에 흥과 신명을 느낀 관중들이 함께 몰입해 간다. 공연이 마무리되어 간다. 관객들은 일어설 줄을 모른다. 계속된 앙코르 공연에 공연자들이 널브러져 버린다. 분위기에 취해 더 하다간 다음 공연에 차질이 생길 것 같다. 급히 첫 번째 공연을 마무리하고 다음 공연 일정을 공지한다. 그제야 관객들이 자리를 털고 일어선다.

2번째 공연도 발 디딜 틈이 없다. 첫 번째 공연부터 함께했던 여성 팬들의 호응에 공연장이 들썩거린다. 오늘 하루 세 번의 진도북놀이를 했다. 진도의 신명을 서울 하늘에 맘껏 휘날린 것이다. 다음 날도 그다음 날도 청계천을 흐르는 개울은 진도북놀이의 흥을 지켜보았다. 진도북놀이가 서울에 제대로 소개된 것이다. 이후 진도북놀이 공연은 서울 등 전국에서 러브콜이 쇄도한다. 전국에 많은 진도북놀이 동호회도 생겨 지금은 탄탄한 팬덤을 유지하고 있다.

한반도 서남단에 위치한 진도는 1년 내내 신명 나는 가락과 놀이, 굿판이 끊이지 않는 민속문화의 보고(寶庫)다. 강강술래, 진도아리랑, 소포걸군농악 등 3개의 민속자원이 '유네스코 인류무형문화유산'에 등재되었으며 국가와 전남도에서 지정한 무형문화재만도 10종이나 된다. 이를 바탕으로 2013년에는 대한민국 유일의 '민속문화예술특구'로 지정되었으며, 2023년에는 대한민국 문화도시로 선정되었다.

하지만 20여 년 전인 2006년에는 진도의 민속이 그리 널리 알려지지 않았다. 진도씻김굿 정도가 서울 등 대도시에 초청받아 공연을 할 정도였다. 서울시청 문화과 윤영민 팀장과 손잡고 본격적인 진도 민속 알리기에 나섰다. 우선, 서울에서 먹힐만한 공연을 선정하였다. 강강술래, 진도북놀이, 남도민요 등이었다.

첫 도전은 2006년 5월 서울 광장과 청계천 일대에서 개최된 하이서울페스티벌이었다.

먼저, 우리는 별도의 행사 공간을 마련해주도록 요청하여 청계천에 있던 한국관광공사 앞마당에 터를 잡았다. 우리가 준비한 행사로는 진도북놀이 공연과 진도개 묘기 자랑이었다. 사람들은 큰 문제가 없었지만, 공연 전날 일찍이 올라간 진도개들이 잘 곳이 없어서 애를 먹었다. 다행히도 진도개를 좋아하는 여관 주인장의 배려로 건물 옥상에 잘 곳을 만들어 축제 기간 내내 지내게 되었다.

축제가 시작되었다. 우리도 오전 일찍부터 행사장에 나가 진도개 묘기 자랑으로 사람들의 시선을 이끈다. 진도개가 줄넘기, 링 통과하기, 밧줄 건너기 등 다양한 묘기를 하자 지나가던 사람들의 발길을 잡은 것이다. 곧이어 진도북놀이 공연이 펼쳐졌다. 진도의 신명을 서울에 마음껏 알린 것이다.

공연장을 중심으로 진도군 농수산품 판매 장터도 만들었다. 장터에서는 김, 미역, 멸치를 위시한 건어물, 갯벌쌀, 보리, 잡

진도개 공연 모습

곡, 울금 제품 등을 직거래로 팔았다. 건어물은 날개 돋친 듯 팔려 오후 5시 전에 동이 났다. 그야말로 대박을 터트린 것이다. 진도에서 계속하여 올려보내야 했다.

한쪽의 울금 판매장에서는 울금 가공품은 썩 팔리지 않았다. 근데 여차해서 가져간 울금 호떡이 맛있다고 소문이 나면서 긴 줄이 만들어지는 게 아닌가. 그 줄이 길 때는 30여 미터에 이를 정도였다. 아침부터 늦은 저녁까지 엄청난 호떡을 만들어 내었다. 나중에는 반죽을 못 해서 판매를 중단할 정도였다.

2006년 서울하이페스티벌은 우리 군 민속과 특산품을 활용한 첫 무대가 되었다. 처음임에도 불구하고 진도 민속과 특산품의 우수성을 널리 알리고 자신감을 느끼게 된 계기가 되었다. 이후 내가 기획하는 모든 행사에는 공연과 직거래 장터를 꼭 함께 구성했다. 행사를 통해 군민들의 소득 증가에도 일조하게 된 것이다. 이후 서울에서 개최되는 수많은 행사에 강강술래, 진도 씻김굿, 진도북놀이 등 진도민속문화 공연들이 등장하게 되었다.

10 Mission Possible

나른함이 사무실을 감싸 안는다. 졸린 눈을 부릅뜨고 모니터를 응시한다. 또 호출이다. 새로운 미션이 부여된 것이다. 진도 신비의 바닷길 축제가 봄에 개최되니 이에 버금가는 축제를 가을에 개최하라는 명이 떨어졌다. 가을인 11월 초에 남도 민요대회가 열릴 뿐 대규모 행사가 없다. 군민의 날은 격년제로 진도대교가 개통되는 날인 10월 18일에 행사를 개최해 오고 있었다.

투 트랙(Two track)으로 준비한다. 우리는 새로운 축제를 개발하고 총무과에서는 군민의 날 변경 절차에 들어갔다. 진도대교가 개통한 날이 우리 군을 대표하는 날이 될 수 없다는 여론이 강했기 때문이다. 공청회 등 여론을 수렴한 끝에 농번기가 끝나는 11월 1일이 군민의 날로 결정되었다.

군민의 날 행사와 새로운 축제를 개발하여 함께 하기로 하였다. 축제 개최까지는 얼마 남지 않았다. 서둘러 기본계획을 세우고 축제 준비에 들어간다. 하지만 축제 명칭이 문제였다. 관광객들을 축제장으로 유인하기 위해서는 이에 걸맞은 축제 명칭이 필요했다. 옥주 문화제, 진도 문화제 등 많은 명칭이 오가던 중에 진도 아리랑 축제로 명칭이 확정되었다. 하지만 대규모 축제를 처음 준비하는 입장에서는 헤맬 수밖에 없는 노릇이었다. 이때 도움을 많이 받은 게 호남대학교와 한국관광공사였다. 이 두 기관에서는 전문가 그룹을 형성하여 축제 기본계획 수립부터 실행까지 많은 도움을 주었다.

드디어 진도읍 도심인 철마 광장에 창군 이래 처음으로 차량을 통제하고 축제장을 만들었다. 이곳에 축제장을 만드는 것에 군민들과 주변 상인들의 반대가 심했다. 직원들이 맨투맨으로 설득 작업에 나섰다. 다행히 분위기가 반전되어 행사 2일 전에 텐트 설치와 축제장 준비를 할 수 있었다. 서둘러 행사장을 꾸렸다. 이 자리를 빌려 많은 불편을 감수해 준 군민들께 감사드린다.

10월 31일 철마 공원에서 축하공연을 시작으로 11월 1일 진도초등학교 운동장에서 온 군민이 참여한 가운데 개막식이 있었다. 기관단체, 읍면에서 참여한 길놀이에 이어 군민의 상 시상 등 개막행사와 강강술래 축하 공연이 숨 가쁘게 진행되었다. 부대행사로는 남도민요 전국경창대회, 진도아리랑 경연대회, 진도개 품평회가 각기 다른 장소에서 진행되었다. 축제 주 무대인 철마 광장에서는 진도개 묘기자랑, 서화 그리기, 진도 소리 배우기, 고려 삼별초 장군·병사 놀이, 진도 홍주 빚기 등 다양한 체험행사가 진행되었다.

진도읍 도심에서 처음 개최된 축제치고 대성황을 이루었다. 도심을 막고 축제 진행을 한다고 반대했던 상인들도 축제 중에 고맙다고 연신 인사를 해온다. 장사가 아주 잘되었던 모양이다. 이렇게 준비하고 치러진 진도아리랑 축제는 몇 년간 이어지다가 군수가 바뀌면서 진도문화예술제로 명칭이 바뀌어 개최되었다. 지금은 진도군 보배섬문화예술제로 명칭이 바뀌어 개최되고 있다.

지방 자치 단체에서 축제를 하는 이유는 여러 가지를 들 수 있다. 먼저, 관광객을 유치하여 지역 특산물과 음식을 판매하고 일자리를 창출하여 지역 경제를 활성화하는 데 있다.

두 번째는 지역 고유의 전통문화와 특색을 알리고 보존하는 데 축제가 많은 도움이 된다. 대표적인 사례로 탈춤을 세계화한 안동 국제 탈춤 페스티벌과 갯벌을 상품화한 보령머드축제 등을 들 수 있다. 이들 지역에서는 축제를 통해 주민들에게 자기 지역에 대한 자긍심과 소속감을 높여 주었다.

세 번째로는 성공적인 축제는 지역의 이미지와 브랜드 가치를 높여 지역 발전과 관광 활성화에 기여할 수 있다는 것이다. 대표적으로 함평 나비축제와 화천 산천어 축제를 들 수 있다. 변변한 관광지 하나 없던 이들 지역에서 독특한 소재를 통한 축제를 개최하여 성공한 것이다.

다음은, 축제 개최로 인한 관광객 유치와 지역 경제 활성화를 통해 지방자치단체의 세수 증대로 이어진다. 또한 지역 주민들의 참여와 화합을 끌어내 지역 공동체 의식을 강화할 수도 있다.

이처럼 지방자치단체에서는 지역 경제 활성화, 문화 정체성 강화, 브랜드 가치 제고, 재정 확보, 주민 화합 등 다양한 목적으로 축제를 개최하고 있다. 하지만 축제의 양적 팽창으로 인한 문제점이 많이 지적되고 있다. 축제의 질적 향상을 위한 끊임없는 노력이 절실히 필요한 시점이다.

2장 | 축제, 시공을 초월한 인연의 장

진정한 인연과 스쳐 가는 인연은
구분해서 맺어야 한다.
진정한 인연이라면 최선을 다해서
좋은 인연을 맺도록 노력하고
스쳐 가는 인연이라면 무심코 지나쳐 버려야 한다.

–법정 스님

01 인연은 우연히 내 곁에 스며든다

인연은 사람과 사람, 사람과 사물 사이의 관계를 나타내는 개념으로 불교에서는 '서로 연결되어 있는 관계'를 의미한다. 인연은 마치 씨앗과 같아서 사람들 사이에 연결고리를 만들어 내고, 이러한 연결고리가 개인의 삶에 큰 영향을 미치게 된다.

불교에서 인연은 '연기(緣起)'의 개념과 연결되어 모든 존재와 현상이 서로 연결되어 있다는 것을 의미한다. 과거와 현재, 현재와 미래를 연결하는 연속적인 관계를 나타내고, 이를 통해 모든 일이 인과관계에 따라 일어난다고 본다.

우리는 수많은 인연을 만나고 헤어지면서 그 인연을 통해서 배우고 깨닫고 후회하며 살아간다. 누구든 인연을 맺어가며 살아가지만 지방 공무원인 나 또한 많은 사람을 만나고 접촉하고 소통하는 중에 인연을 맺고 살아왔으며 앞으로도 그렇게 살아갈 것이다. 내가 하는 일이 또 해왔던 일들이 수많은 인연의 덕으로 이루어져 왔기 때문이다.

정치인은 정치인대로, 교육자는 교육자대로, 자영업자는 자영업자대로 그들이 가진 저마다의 직업적 매력이 있다. 나 또한 지역 주민들의 삶의 질 향상을 위해 다양한 역할을 수행하는 지방 공무원 역할에 만족하며 살아왔다.

우리는 사회를 살아가면서 때로 자신을 이롭게 해주는 인연과 만나게 된다. 반대로 내 의지와 상관없이 피해를 주거나 받고 상대편을 해롭게 하는 악연과도 마주치게 된다. 우리는 그것을 흔히 '우연'이라 칭하지만 어쩌면 '필연'일 수 있다. '네 탓이오.'라는 마음에서 '내 탓이오.'라는 마음으로 역지사지한다면 마음이 평온해진다.

세상을 살면서 새삼 느낀 것은 인연이 중요하다는 사실이다. 슬픔도 기쁨도 사람을 통해서 느낄 수 있기 때문이다. 모든 일은 사람을 통해서 이루어진다. 사람을 진심으로 대하고 관계를 소중하게 여기는 것이 중요하다. 단지 직장인, 공무원이라는 이유만으로 가끔 겪게 되는 불리한 상황을 슬기롭게 헤쳐나가 나에게 주어진 시험지를 잘 풀어나갈 수 있는 능력과 지혜를 가져야 한다.

앞으로 어떠한 외압에도 평상심을 잃지 않고 대의를 위해 일을 할 수 있는 용기도 필요하다. 좋은 인연들을 통해 얻은 그 용기는 살아가는 데 필요한 동력의 원천이 되며 삶의 멘토가 된다. 인연이 다하면 결국 흩어지지만, 좋은 인연이란 끝까지 지키고 그 인연을 소중히 할 때 더 큰 의미를 가질 수 있다.

그리고 또 하나의 인연이 우연히 내 곁에 스며들었다.

아침과 저녁으로 북녘에서 불어오는 찬 바람에 옷깃이 여미어지는 날이었다. 제1회 진도아리랑 축제를 준비한 게 벌써 두 달이 지나는 시점이었고, 세월의 빠름이 새삼 낯설게 느껴지던 때였다. 축제 준비로 정신없는데 내 앞의 전화기가 계속 울어댄다. 서울시청 문화과란다. 우리 축제에 관심이 있어 일행들과 방문하겠다고……. 축제 준비에 정신이 없는 도중이라 그러라고 하였다.

축제 첫째 날 3명이 축제장을 방문하였다. 우선 가벼운 인사를 하고 축제장을 둘러보게 하였다. 나는 축제장 메인 무대에서 공연이 진행되고 있어 안내할 형편이 안 되었다. 축제장을 둘러본 서울시청 팀장께서는 할 이야기가 있단다. 사정이 여의찮아 저녁에 만나서 이야기하면 어떻겠냐고 하여 숙소와 저녁 식사 장소를 마련해 드렸다.

얼마 후 이날의 마지막 공연이 시작되었다. 관객석의 호응도 좋고 MC의 진행 솜씨가 제법이라 마음이 놓인다. 시간을 내어 서울시청 직원들과 저녁 식사를 할 정도는 될 것 같았다. 축제 담당자가 행사장을 비운다는 게 어려운 일이고 있어서도 안 될 일이다. 하지만 이때 나에게 뭔가 씌워졌던 것 같았다. 그러나 이때의 판단이 내 평생의 멘토를 만나게 되리라고는 상상도 하지 못했다.

저녁 식사 자리에서 많은 이야기가 오고 갔다. 시골 변방의 공무원이 서울 공무원이 말하는 축제 이야기에 푹 빠져들었다. 잠깐이면 될 자리인 줄 알았는데 3시간이 넘도록 이어졌다. 이미 공연은 끝났다고 연락이 왔다. 아쉬움에 다음 날 다시 만나기로 하고 저녁 식사 자리를 파했다.

다음 날 서울에서 오신 일행들은 진도의 관광지 몇 곳을 둘러보고 서울로 돌아갔다.

우리네 인연은 여기서 끝인가 했다. 하지만 웬걸, 얼마 후에 일로 다시 만나게 된다. 이 인연이 내 인생에서 가장 든든한 조력자를 만나게 되리라고는 상상도 못 하였다.

02 대한이가 서울광장에서 본 것은

진도아리랑축제가 끝나고 행사 정산에 정신이 없던 어느 날 군수실에서 호출이 왔다. 서울 행사 기획사에서 2006년 개띠해맞이 행사계획서를 가지고 온 것이다. 아리랑 축제 진행을 눈여겨본 군수님께서 나에게 이 행사 계획을 검토해 보라고 하셨다. 행사계획서에는 연예인을 동원하여 서울 명동거리에서 이벤트를 하는 것이었다. 예산도 수억 원을 들여서…….

며칠 후 검토 결과를 군수님에게 보고하러 갔다. 이 행사를 내가 해보겠다고, 이 정도의 예산이 들지 않고 다른 방법을 찾아서…….

어디에서 이런 똥배짱이 생겼는지 지금 생각해도 아찔할 뿐이다.

그때가 11월 중순이었다. 12월 말이나 1월 초에는 행사를 해야 하니 시간이 너무 없었다. 여러 가지 방법을 생각해 본다. 가장 먼저 떠 오른 게 지난 축제 때 방문했던 서울시청과의 컬래버 행사가 좋을 것 같았다. 서울시청에 방문하겠다고 연락했다.

하지만 문제가 생겼다. 과 서무업무에 관광수용태세, 축제업무 등 산적한 업무가 많다 보니 평일 출장을 허락하지 않는다. 그렇다고 포기할 내가 아니다. 주말을 이용하여 서울시청을 방문하게 되었다. 두 손에는 전복, 낙지 등 진도 특산물을 가득 들고……. 그나마 KTX가 개통되어 당일 출장도 가능하게 된 것은 다행스러운 일이었다.

이후 행사가 마무리될 때까지 주말마다 서울을 오르내리게 된다. 애들 엄마 이야기를 빌리자면 주말마다 서울로 마실 다닌다고 할 정도였다. 그런데 집사람이 모르는 게 한 가지 있다. 이때 출장비와 특산품 구입비가 군에서 나온 경비였다고 이야기했었는데, 전부 내 사비였었다.

주말에 나 홀로 서울시청을 방문했다. 덕수궁이 내려다보이는 서울시청 문화과에서 사실대로 이야기했다. 내년이 개의 해이니 진도개를 활용한 행사를 함께 해보자고, 그리고 도와 달라고…….

한참 동안 듣고 있던 팀장께서 한번 해보자고 한다. 다만 이 정도의 행사를 추진하기 위해서는 시장의 결심이 필요하니 행사의 당위성 등을 개발하여 결재를 해보겠다고 한다. 날

아갈 듯이 기뻤다. 들고 갔던 전복으로 소주 한 잔에 희망가를 불러본다.

하지만 12월 중순이 넘어가도록 진척이 안 되었다. 하루에도 여러 차례 독촉 아닌 확인 전화를 해댔다. 민망할 정도로…….

주말에 서울을 올라가는 것도 계속되고, 얼마 지나지 않아 시장의 결재만 남았단다. 근데 문제가 발생한다. 서울광장에서 개를 가지고 행사를 지금껏 한 적이 없었다는 이유로 광장 사용 허가를 못 해준단다. 이리저리 시장님의 결심만이 모든 난관을 극복할 수 있는 시점이었다.

이때 누군가 묘수를 꺼내 들었다. 당시 서울특별시장은 이명박 시장이었다. 다음 해 대선에 나갈 준비를 한참 하고 있을 때였다. 애견인이 500만 명이 넘으니 진도개뿐만 아니라 반려견도 함께 하는 행사를 하면 어떻겠냐는 안을 낸 것이다. 이후 서울시장의 결재가 나고 일사천리로 행사 준비가 이루어졌다. 예산도 서울시 예산을 들여서 한단다. 이 얼마나 행복한 일인가? 당초에 3억 원에 가까운 예산을 들여 하자고 업체에서 제안했는데 더 크게, 더 화려하게 하면서 예산이 하나도 안 든다니? 이렇게 해서 2005년 12월 31일 대한민국 한복판인 서울광장에서 진도개 한마당 잔치를 하게 되었다.

진도에서 올라온 대한이는 늠름하게 서울광장을 활보한다. 대한이는 진도에서 태어난 2개월도 채 안 된 강아지이다. 오늘 오후에 전달식이 끝나면 서울대공원에서 서울 사람들의 귀여움을 받으면서 클 것이다. 함께 온 5마리의 친구들도 서울광장에 모인 인파에 놀라며 마음껏 뛰어논다. 진도군에서 서울시에 기증할 진도개는 2006년을 상징하는 진도개 8마리(성견 2마리, 강아지 6마리)다. 전달식 후 서울대공원에 보내져 키워졌는데 몇 년 후에는 진도개들이 번식을 너무 잘해 애물단지가 되었다는 이야기를 전해 들었다.

진도개 한마당 잔치에서 진도개 공연

행사에서는 진도개 묘기 자랑과 애견 패션쇼, 진도 민속 예술단 북춤, 진도 아리랑 공연 등 다채로운 문화 행사와 진도 특산품 홍보 전시회가 개최되었다. 행사 말미에는 진도개 300마리를 선두로 견공 500여 마리가 참가하는 동물사랑 퍼레이드가 서울시청 앞 광장에서 보신각까지 펼쳐졌다. 이 퍼레이드에는 개띠 연예인과 유명 인사 등이 함께 참여해 행사의 취지를 살려 주었다.

03 흥興이란 이런 것이다

2006년 개의 해가 밝았다. 해가 바뀌면서 서울시청을 드나들면서 알게 된 서울시청 문화과 직원들을 진도에 초대하였다. 이분들은 서울광장에서 '진도개 한마당 잔치'를 하게 해준 아주 고마운 분들이다. 주말을 이용하여 진도를 찾은 분들과 진도읍의 한 포구를 찾았다. 이곳에 온 이유는 생선을 잡는 동생에게 부탁하여 고기 잡는 모습을 직접 보고 선박에서 회를 쳐서 먹기 위해서이다.

우리 일행을 태운 배는 포구를 떠난 지 20여 분 만에 목적지인 어장에 도착하였다. 어구를 들어 잡힌 고기를 보니 그야말로 대박이다. 생선의 지존이라는 능성어를 비롯하여 감성돔, 농어가 가득하다. 함께 간 일행들의 환호성이 주변 바다를 물들인다. 대충 고기를 정리하고 배 위에서 회를 뜨기 시작한다. 먼저, 능성어와 감성돔이다. 비닐을 벗기고 회를 떠서 한점씩 나누어 준다. 여기에 진도홍주가 함께하니 생선 맛이 감칠 맛을 더 한다. 생선을 안 좋아했던 여자분들도 회 한 점을 먹어본 후에는 태세가 달라진다.

회를 자주 접하는 나도 이 맛에 바다에 나오는데 수족관에서 스트레스 많이 받아 맛이 없어진 회만 접하던 사람들이 이 맛을 알게 되었으니 어찌 말로 표현할 수 있으리오. 생선 맛에 시간이 지나도 젓가락을 놓을 생각들이 없다. 해가 뉘엿뉘엿 지는 석양 녘에 포구로 돌아올 수 있었다. 다음 갈 곳은 진도의 전래 민속인 진도북놀이를 배울 수 있는 의신 전수관을 찾을 차례이다.

해거름에 찾은 전수관에는 지금은 무형문화재로 지정된 박강열 선생이 우리 일행을 반긴다. 가정집을 개조하여 전수관으로 사용하고 있는 곳이라 우리가 들어서니 장소가 좁아 보인다. 바닥에는 신문지를 깔고 삼겹살을 구울 준비가 되어있다. 갯바람에 얼었던 몸들이 녹으면서 취기가 올라온다. 삼겹살 몇 점과 소주에 흥이 차오른다. 전수관에 보관된 장구와 북에 손들이 간다. 이제 본격적인 한판이 벌어질 참이다.

먼저, 전수관 식구들의 공연을 볼 시간이다. 판소리 한가락을 시작으로 진도북놀이 공연이 이어진다. 양손에 쥔 북채가 쉼 없이 가락을 만들어 낸다. 장단에 몸짓을 표출하면서 힘차게 두

드리는 북소리에 천지가 진동한다. 섬세한 기품이 느껴지는 춤사위가 장단에 조화를 이루어 간다. 시간이 지나자, 공연자와 관람자 모두 일어나 있다. 흥에 겨워 제멋대로의 몸짓을 지어내고 있다. 칠순을 넘긴 연출자는 넘치는 흥을 주체 못 하고 징을 빼앗아 들고 계속 치고 계신다. 얼마나 지났을까? 진도북놀이가 끝이 났다. 하지만 다들 흥에 겨워 상기된 모습이다. 조금 있다 누구라 할 것 없이 산다이(유흥적 노래판)가 자연스레 시작된다. 목포의 눈물로 시작된 노래가 이별의 부산 정거장을 거쳐 대전 블루스로……. 북장단과 장구, 젓가락에 흥을 더해간다.

이렇게 시작된 서울분들의 진도 방문은 정확한 숫자가 생각나지 않지만 수백 회가 넘도록 이어진다. 근데 문제가 있었다. 10여 명이 1박 2일로 오게 되면 100만 원이 넘는 경비가 소요되었다. 내 사비로 하기에는 너무 벅찼다. 3번째 방문 계획이 잡힐 즈음 사실대로 이야기했다. 지금껏 내 사비로 하였다고…….

이야기를 들은 윤 팀장께서는 앞으로 경비는 모두 자기들 부담으로 하겠다고 하고 나에게는 안내와 소개만 해달라고 하였다. 이후에 거의 한 달에 1~2번을 진도를 방문하게 된다. 이때 진도를 방문하게 된 수많은 전문가가 나를 든든하게 해주는 역할을 해주었다.

04 남이섬에 간 남이와 장군이

남이와 장군이는 이제 갓 2달 된 강아지들이다. 그리고 지금 이런 생각을 하고 있다.

'게으른 주인장이 이른 새벽부터 부산을 떨더니 엄마 품에 고이 잠든 나를 떼어낸다. 무슨 일이지 했다. 곧 나를 태우고 갈 차가 도착한다. 주인장은 나를 보내는 서운함도 없는지 차에 태우고 휑하니 돌아선다. 멀리 엄마의 울부짖음이 내 귓가를 맴돌 뿐이다. 어! 근데, 나 혼자가 아니다. 늠름한 수컷이 먼저 차에 타고 있다. 나를 보더니 반가움인지 두려움인지 한참을 짖어댄다. 우리의 운명도 모르고……. 차에 우리를 태우고 온종일 어디론가 데려간다. 처음 차를 타본 우리는 부끄러움을 뒤로하고 먹었던 것 모두를 토해 놓고 말았다.'

남이와 장군이는 이렇게 남이섬에 오게 되었다.

지금 남이섬을 향해 나서면 6시간이 넘게 걸린다. 그 먼 거리를 30번을 넘게 찾았다. 남이섬과의 인연을 이야기하면 많은 게 떠오른다. 운림예술촌 조성 사업을 할 때 남이섬이 폭발적인 인기를 얻게 되면서 연일 성공 사례로 언론에 보도되었다. 마을 지도자들과 의논하여 선진지 견학을 이곳으로 가기로 하고 남이섬 측에 연락하였다. 남이섬은 지역개발 열풍에 맞물려 전국 자치단체의 선진지 견학 장소로 인기 있는 곳이었다. 다행스럽게 남이섬 담당자는 찾아오면 안내를 해주겠단다.

마을 만들기로 앞서가고 있는 마을 몇 곳과 남이섬을 둘러보기 위해 2박 3일 일정으로 선진지 견학을 떠났다. 전주 한옥마을 등 몇 곳을 들르고 드디어 남이섬에 왔다. 하지만 누가 상상이나 했으랴! 이번 방문으로 내가 진도에서 6시간이 넘게 걸리는 남이섬을 30번을 넘게 찾을 것이라고…….

가평 나루에서 배를 타고 10여 분, 수많은 인파 속에 남이섬의 모습이 눈 앞에 펼쳐진다. 기대와는 달리 특별할 게 없다고 실망한 즈음 멀리서 쓰레기를 줍는 분이 보인다. 우리를 안내하던 직원이, 저분이 강우현 대표란다. 냅다 달려가 인사하니 우리를 기다리고 있었다고 반갑게 맞이해 주신다. 이렇게 만난 강우현 대표는 남이섬의 역사부터 현재의 변화된 모습까지 줄줄이 설명해 주신다.

강우현 대표는 지금은 제주도에 계시지만 만날 때마다 뭔가 다른 걸 시도하고 계셨다. 죽은 나무나 잘려 나간 가지, 폐자재 등을 탁자와 의자로, 간판으로 독특하고 유머러스한 작품을 만들어 내셨다. 손에는 언제나 연장이 들려 있었다. 버려져 있는 것들을 보면 상상력이 솟구쳐 어김없이 뭔가를 만들어 내기 위해서다. 이런 혁신적인 노력이 모여 남이섬을 변하게 하지 않았나 생각해 본다.

강우현 대표께서는 진도와 운림예술촌 조성 사업에 대한 깊은 관심을 보이면서 남이섬과 협력할 사업을 찾아보자고 하여 남이섬 행사 시에 예술단 공연과 특산품을 판매하기로 하고 준비를 하기로 하였다. 이렇게 시작된 남이섬과의 협력사업은 봄과 가을에 남이섬 축제에 맞추어 우리 군 특산품 판매와 진도 민속공연을 하게 된다.

울긋불긋 단풍에 물들어 가는 남이섬을 다시 찾았다. 이번에는 운림예술단원 20명과 진도의 농수산물을 바리바리 싸 들고서……. 선착장에서 행사장까지 길놀이를 시작으로 '남이섬의 진도 이야기'는 시작되었다. 사물놀이로 시작된 공연은 남도민요, 진도북놀이를 거쳐 강강술래로 넘어왔다. 공연을 함께하던 외국인과 젊은 세대도 다 함께 얼쑤다. 하나였던 강강술래 원이 갈수록 여러 개가 되어간다. 성공적인 운림예술단의 데뷔 무대였다.

남이섬과의 인연은 이걸로 시작되었다. 이후에 두 분의 군수님들이 남이섬을 찾아 각기 섬섬 언약식도 하였다. 남이와 장군이를 섬섬 언약식 때 기증하여 진도를 알리는 첨병 역할도 맡겼다. 몇 년간 봄, 가을 남이섬 축제 때 '진도의 날'을 운영하여 우리 군 홍보와 특산품을 판매하였다. 전국의 자치단체 11곳과 남이섬이 함께하는 상상나라 연합체를 구성하여 서울 코엑스에서 박람회를 개최하기도 하였다.

강우현 대표께서는 먼 진도까지 오셔서 군민들을 대상으로 강연도 해주셨다. 지금의 진도개 테마파크를 둘러보시고 너무 평범한 곳에 있어 많은 관광객이 찾지 않으니 좀 더 외진 곳으로 옮기면 어떻겠냐고 조언을 해주시기도 하였다. 하지만 이미 많은 예산이 투입된 후라 다른 장소로 옮기기에는 어려움이 있어 지금도 그 자리에 위치하고 있다.

현재 강우현 대표께서는 제주도에서 황무지에 나무를 심어 숲을 만들고 빗물을 활용하여 연못을 만드는 등 상상력을 총동원해 상상을 현실화하는 작업을 하고 계신다. 벌써 10년을 나무도 물도 없던 돌 땅을 가꾸어 이제 그곳은 자연과 푸른 지구를 위한 문화로 가득 찬 새로운 땅 '탐나라공화국'이 되었다. 나는 제주도에 갈라치면 꼭 들러서 인사를 드리고 있으며 특히 후배 공무원들에게는 꼭 들러서 대표님의 상상력 원천을 배우라고 하고 있다.

작은 인연이 큰 결과를 만들어 내었던 사례라 할 수 있다.

05 수출해서 뭐 하자고

불현듯 옆자리 승객이 비행기 창문 덮개를 올린다. 여름날 어스름에 검붉은 태양이 동녘 하늘을 불사르고 있다. 이국땅에서 마주하는 햇빛이 눈이 너무 부시다. 구름을 비집고 시드니 공항이 시야에 들어온다. 우리를 태운 비행기는 육중한 몸을 내려놓기 위해 포물선을 그리며 선회하고 있다. 곧 착륙한다는 승무원의 멘트에 비행기 안은 일순간 긴장 속에 빠져들고 랜딩 기어가 내려오는 소리에 지나온 3개월이 주마등처럼 스쳐 간다.

신설된 조직의 부서장으로 업무 파악도 벅차고, 팸투어, 팝업스토어, 직거래 장터로 힘들게 뛰어다니고 있을 때였다. 퇴직한 선배로부터 전화 한 통이 걸려 왔다.

"사촌 동생이 수출 바이어인데 언제 식사나 한번 하면서 수출 이야기를 했으면 한단다."

나는 밖에서 만날 것이 아니라 우리 사무실로 찾아 주십사

하고 요청했다. 약속한 며칠 후 수출 바이어가 우리 사무실에 찾아왔다. 엄청난 선물을 안고서……. 이것이 수출과의 인연이었다.

농수산물 수출은 국내는 물론 해외까지 판로를 확장해 농어업인들의 소득 증가를 가져오며 국내 농산물 가격 안정화에도 기여할 수 있다. 수출을 위해 HACCP 식품안전관리인증기준, 6차 산업화 등 품질 및 안전성 인증을 받게 되어 농어업 경쟁력을 한 단계 발전시킬 수 있다. 수출 경쟁력을 키우기 위해서는 수출 여건 조성과 함께 현실적인 과제를 해결해야 한다. 먼저 농어가의 규모화를 이루고 조직화가 필요하다. 해외 소비자가 선호하는 품목과 품종을 선정하여 각 나라의 기준에 맞게 안전하게 생산도 해 내야 한다. 수출 농수산물의 안전성에 문제가 발생하면 우리 농수산물의 신뢰가 한순간에 무너지기 때문이다. 그리고 재배 기술과 수확 후 관리와 신선도를 유지하는 것이 중요하다.

수출 운송은 더 말할 필요가 없다. GAP 글로벌 농산물우수관리, 미국 FDA, ISO 국제표준 등 해외에서 인정하는 다양한 인증 제도를 취득하여야 한다. 또 수출하는 나라별로 식품 안전성 요건이나 필요 규격, 검역 조건 등이 다르므로 이에 미리미리 대비해야 한다. 또한 현지 소비자에게 K-food 케이푸드의 우수성을 적극적으로 홍보해야 한다. 현지 매장과 연계한 판촉 행사 등 다양한 수출 마케팅과 방송, SNS, 유튜브 등 여러 매체를 활용한 홍보를 통해 널리 알려야 한다.

농수산물 수출 확대를 위해서는 수출 유망 품목과 수출 기업도 육성해야 한다. 수출 품목별 조직을 만들어 지원하고 이들에게 국제식품박람회 참가와 해외 시장 개척, 판촉, 수출 상담회 등에 적극 참여하도록 해야 한다. 최근에 K-culture의 영향으로 한국식품과 문화에 대한 관심이 높아지고 있다. 이런 때일수록 우수한 우리 농수산물을 이용해 해외 소비자의 입맛을 만족시킬 수 있는 상품을 개발하고 적극적인 마케팅을 통한 판로 확보로 농어가들의 소득 증대를 위해 최선을 다해야 한다.

우리 군은 업체에서 개별적으로 수출을 한 적은 있으나 군에서 주도적으로 수출에 관여하지는 않고 있었다. 수출 물류비 지원 등 소극적인 수출 대책만을 추진해 오고 있었다. 이제껏 수출에 대한 마인드나 전략이 없었다.

사무실을 방문한 수출 바이어는 미국, 유럽, 호주, 베트남에 전라남도 상설 판매장 10여 곳을 운영하는 건실한 업체였다. 상담은 일사천리로 진행되었다. 우리가 수출에 대해 몰라도 너무 모르고 있음이 여실히 드러났다. 상담이 아니라 수출에 대한 배움의 자리가 되었다. 이야기를 들어보니 그리 멀지 않은 곳에 수출하는 길이 있었는데도 우리는 그것을 모르고 있었다.

일사천리로 수출을 함께하자는 데 뜻이 모였다. 절차는 우리가 배워 가면서 하기로 하였고 D-day는 7월, 호주로 정했다. 우선, 전라남도에 협조를 구해야 했다. 소요되는 예산이 전라남도에 있었기 때문이다. 전남도에서는 무난하게 예산지원 확답을 해주었다.

수출 물량을 확보하기 위하여 업체를 방문했다.

"수출해서 뭐 하자고?"

어느 업체 대표가 우리에게 한 말이다. 그 말이 우리에게 비수처럼 박혔다. 수출을 탐탁지 않아 하는 업체도 있었으나 열심히 설득했다. 업체들의 호응이 생각보다 좋았다. 이들 업체와 가격과 물량을 조절하고 컨테이너에 쌀, 김, 꽃게, 젓갈, 울금 제품을 가득 실었다.

처음 수출하는 기념으로 군청 앞에서 조촐한 선적식도 가졌다. 오늘은 3개월을 준비했던 우리 농수산물이 수출길에 오르는 날이다. 그 첫걸음을 호주에서 시작하였다. 우리가 가져온 물건이 1억 원어치에 달한다. 첫 수출치고는 많은 물량을 가져온 것이다. 먼 이국에서 시차 적응도 힘든데 '다 팔릴까?' 하는 걱정에 밤새 뒤척거리다 새벽녘에서야 어렴풋이 잠이 들었다.

호텔의 아침이 부산스럽다. 시드니 구도심의 오래된 호텔이라 밖의 소란이 잠을 설친 나를 일으켜 세운다. 호텔 1층 바에서 간단히 아침을 해결하고 길을 나선다.

아침 일찍부터 바지런을 떠는 것은 오늘 2곳의 마트에서 판촉 할인 행사가 있기 때문이다. 먼 곳에 온 우리 상품을 조금이라도 빨리 보고 싶어 서둘러 호텔 문을 나선다. 차창 밖으로 스쳐 가는 시드니의 풍경이 생경하다. 일이 잘돼야 시드니의 명물 '오페라 하우스'와 '하버 브리지'라도 볼 수 있을 것인데……. 마음이 조급해진다.

아침 일찍이 행사장을 찾았다. 우리가 판촉 할인 행사를 한 마트에는 한인교포보다 현지인들이 더 많이 보인다. 마트 관계자는 K-culture, K-food가 호주에 알려지면서 몇 년 전부터 교포들보다 현지인이 더 많이 찾고 있다고 한다. 이 마트도 앞으로 사업을 더 확장할 계획이라고 한다. 우리 농수산물이 호주 현지인들 식탁에 더 많이 오를 것 같은 예감이 들었다.

오후 일정을 위해 급히 이동한다. 호주에서 식품 유통업체를 운영하는 곳과 입점 판매 협약을 체결하기 위해서다. 금액이 자그마치 1백만 달러이다. 이로써 상전벽해를 온몸으로 느끼며 아주 길고 벅찬 감동의 하루가 저물어 갔다.

미국 샌프란시스코 메가마트 수출 판촉 활동

처음이 어렵지, 봇물 터진 수출은 미국 서부 시장으로 확대되었다. 한인 최대 거주지인 미국 LA와 실리콘 밸리가 있는 샌프란시스코에 진출하게 된 것이다. 동남아 시장도 우리 손에 들어왔다. 베트남에 진출하게 된 것이다.

올해는 미국 동부인 뉴욕과 애틀랜타의 교민과 현지인들에게 우리 농수산물이 소개되었으며 유럽의 오스트리아, 독일에도 진출하는 성과를 거뒀다. 수출에 눈을 뜬 지 1년도 채 되지 않아 5개국 30여 개 매장에 1,100만 달러를 수출하게 되어 우리 군 농어민들의 소득을 향상되게 하였다.

"수출해서 뭐 하자고요?"

"수출해서 많은 곳에 판로를 확보하여 우리 농수산물 많이 팔아 잘살믄 되지 않겠소!"

06 기회란 만들어 가는 것이다

오늘따라 일기예보는 왜 이리 정확할까? 잿빛 하늘은 비를 계속해서 만들어 내고 있다. 야외 행사장 텐트 사이로 비가 계속 새어 나온다. 텐트 설치 업자의 손길이 바빠진다. 덩달아 우리 직원들도 동분서주하고 있다. 오늘은 전국의 여성 CEO들이 진도에 모이는 날이다. 1년에 한 번 하는 경영 연수를 하기 위해서다. 1,000여 명이 모이는 시골 동네에서는 좀처럼 보기 드문 대형 행사다.

얼마 전까진 진도에서 이 정도의 행사는 언감생심 생각지도 못할 일이었다. 몇 년 전에 쏠비치 진도가 개관하고 식당들도 규모화되면서 가능해진 것이다. 주 행사장은 실내체육관에 마련하고 식당은 7곳, 숙소는 쏠비치 진도에 마련하였다. 꽃말이 '축복하다, 행운을 빌다'인 포인세티아를 전국을 뒤져 구해와 행사장에 장식했다.

지난여름 반바지에 헐렁한 티, 자기보다 어려 보이는 남자와 꼬마를 데리고 사무실로 한 여자가 찾아왔다. 진도에서 유통 사업을 해보고 싶은데 방법을 의논해 보고 싶다고……. 어라,근데 어딘가 낯이 익다. 한참 동안 기억을 더듬어 본다. 10여 년 전 우리에게 스피치 강의를 했던 강사였다. 자연스럽게 호적 조사에 들어간다. 고향은 진도고, 내 중학교 후배에다, 고향에는 작은 아버님이 생활하고 계시단다. 잘 나가던 광주 생활을 접고 서울에 진출하여 강남에서 스피치 학원 4개를 운영하고 있단다. 진도에는 이미 건물을 임대해 추석부터 전복장 등 몇 가지 상품을 구성하여 판매할 계획이라 한다. 담당자와 함께 검토해 보니 '당장 지원할 것은 없고 차츰 방법을 찾아가자.'라고 한 후 헤어졌다. 이게 인연의 시작이었다.

얼마 후 어머님을 모시고 진도를 방문한다고 연락이 왔다. 마침 휴일이라 내 단골 식당에서 진도의 맛 '뜸부기 갈비탕'을 대접해 드렸다. 어머니와 많이 닮았다고 생각했는데 웬걸 시어머니였다. 물과 물고기처럼 잘 어울리는 모녀 같다.

자리를 옮겨 차를 마시는 자리였다. 한국여성경제인협회 이야기를 해준다. 여성의 창업과 여성기업의 경영활동 및 판로 지원 등 여성기업 지원사업을 수행하고 있는 우리나라의 대표적인 여성 경제 단체란다. 이곳과 협력사업을 추진하면 진도 농수산물 판로에 많은 도움이 될 것이라고 한다. 대도시 주민자치회, 부녀회와 직거래 장터를 통해 재미를 봐온 나로서는 솔깃한 제안이었다. 당장 할 수 있는 것을 찾아봤다. 그들과 얼굴을 트는 게 우선일 것 같았다.

이럴 때 내가 잘 쓰는 방법이 있다. 바로 팸투어다. 팸투어는 관광 파트에서 많이 하는 사업이다. 근데 나는 전문가들의 도움이 필요할 때는 팸투어를 이용해 왔다. 10월 말경에 추진하기로 하고 헤어졌다.

서울에서 연락이 왔다. 한국여성경제인협회 서울지회를 중심으로 '진도 팸투어를 진행했으면 한다.'라고. 인원은 20명 이내로 하고 날짜는 10월 마지막 주말을 이용하여 1박 2일로 진행하기로 하였다.

며칠간 흐리더니 오늘은 날씨가 좋다. 아침 출근길에 추억의 팝인 존 덴버의 'Take Me Home, Country Roads(내 고향으로 날 데려다주오)'가 흥얼거려진다. 손님맞이 하러 진도 휴게소에 나선다. 늘 나와 함께해 주시는 이평기 해설사가 동행하고 있다. 매끄러운 자태를 뽐내며 리무진 버스가 우리 앞에 선다. 아침 7시에 나서 5시간을 넘어 진도에 도착한 것이다. 재빨리 버스에 오른다. 진도 방문 환영 인사를 하고 해설사에게 마이크를 넘겨준다. 점심 식사를 위해 이동하는 버스에서 해설사의 구수하고 정감 있는 멘트에 먼 길을 달려온 피로들이 풀어지는 듯하다. 점심을 먹고 전복체험을 하기 위해 바다로 나선다. 잔잔한 바다가 우리 일행을 반갑게 반겨준다.

진도 참전복 양식장 체험

"와, 실하다!"

전복 양식장에서 누군가 내지른 탄성이다. 양식장에 도착해 크레인을 이용해 전복 가두리를 끌어 올린다. 바다 밑에 숨어있던 전복들이 하나둘 모습을 드러낸다. 다시마를 먹는데 한눈 팔린 전복이 깜짝 놀라 바다 밑으로 몸을 숨긴다. 육지서부터 입맛을 다시던 일행이 전복 한 마리를 통째로 베어 문다. 쫄깃하고 건강한 맛이 온몸을 휘감는 표정이다. 이 맛이 따봉이다. 한 손엔 전복을 한 손으론 엄지척을 한다. 선장의 일사불란한 통제하에 전복 가두리에 오른다. 전복을 직접 따보고 시식할 차례다. 석양을 닮아 붉디붉은 홍주는 덤이다. 섬들 사이로 노을이 져 온다.

07 누가 이 행사를 유치했다요

가늘게 흔들리던 어깻짓이 갈수록 크게 일렁인다. 두 뺨을 타고 흘러내리는 눈물이 그칠 줄을 모른다. 무슨 한을 품었길래 저리도 슬퍼할까? 함께 간 이도 짐짓 허공을 보는 걸 보니 눈물을 어찌할 수 없나 보다. 슬픔을 돌아볼 새도 없이 살풀이장단에 망자의 넋을 씻겨 낸다.

일곱 매듭을 지은 무명을 춤으로 풀어내는 고풀이에 여인의 일렁임은 최고조에 달한다. 길게 펼쳐진 무명베에 망자의 저승 천도를 비는 길닦음에 무녀와 구경꾼들이 한데 어우러져 살판이 났다. 3시간의 진도씻김굿 여행이 끝났다. 긴 여운에 쉽사리 자리에서 일어설 줄을 모른다.

참으로 다행스럽다. 오늘 팸투어 오신 분들이 진도씻김굿 발표회에 함께 하게 되었으니 말이다. 1년에 한 번 하는 아주 귀한 행사인데 행운을 누린 것이다. 좋은 일이 있으려나 보다.

진도씻김굿은 진도 민속을 대표하는 민속의 정수다. 진도 지역에서 전승되는 천도굿으로 망자의 극락왕생을 위해 행하는 무속 의례로 국가 지정 무형 문화재로 지정되어 보존 전승되고 있다.

진도에 온 지 이틀째이다. 오늘은 남종화의 산실 운림산방과 명량대첩의 역사가 흐르는 울돌목을 들리고 서울로 가는 일정이다. 가벼운 차림에 새벽녘 바다 내음은 상쾌함을 넘어 자유를 느끼게 한다. 어젯밤 진도씻김굿에 그동안 켜켜이 쌓아왔던 힘듦을 많이 내려놓았던 것 같다. 후련함과 서운함에 남녘 쪽빛 바다를 많이 찾아올 것 같다. 멀리서 일행들이 빨리 오라 성화다. 아침 먹으러 가자고 저 난리들이다. 날마다 먹는 아침을……. 느긋이 바다향에 취해보나 했는데 그것도 마음대로 안 되는구나.

어제 본 노련한 해설사가 우리를 반긴다. 이곳은 허씨 일가 5대가 화업을 이루어 오고 있는 운림산방이다. 사방이 울긋불긋 단풍이다. 미술관에 온 게 아니었나? 뒤를 돌아본다. 너른 잔디밭 위로 꼬마 아가씨가 뒤뚱거리며 오빠 뒤를 따르고 있다. 금방이라도 쓰러질 듯하면서도 잘 따라가는 모습이 너무 귀엽다. 젊은 부부의 입가에 흐뭇한 미소가 번진다. 해설사의 입담이 가히 국보급이다. 다도茶道와 수련睡蓮을 풀어내는 솜씨에 감탄을 자아내게 한다. 다들 해설사의 세계에 푹 빠져든다.

일정 도중에 잠시 일을 보러 가신다던 한국여성경제인협회 회장님한테서 다급히 SOS가 온다.

"1,000여 명이 참석하는 전국 여성 CEO 경영 연수를 다른 곳에서 개최하려고 준비하고 있는데 시설이 너무 열악하여 진도군으로 장소를 옮겼으면 한다."라는 내용이었다.

재빨리 손익계산을 해본다. 행사 인원이 1,000명에 보조 인력이 200명이다. 1박 2일이니 쏠비치에서 숙박을 해결하더라도 2끼니 식사에 농수산물 판매만 하더라도 1억 5천만 원이다. 행사 지원금이 5천만 원이면 1억 원이 남는 장사 아닌가? 진도 홍보는 차지하더라도……. 좋다고 진도로 옮길 수 있으면 옮기자고 했다.

다음 날 온통 비상이다. 우리 과 직원들은 우리가 할 일이 아닌 것 같다고 난색을 보인다. 직원들을 다 불러놓고 우리가 해야 할 이유를 설명했다. 다행히 수긍하고 준비하기로 하였다.

다음은 군수님 차례다. 군비가 5천만 원이 들어가는 일이니, 결재가 필요했다. 한국여성경제인협회 쪽에선 빨리 답변을 달라고 난리다. 10월 경로효친의 달이라 경로잔치가 곳곳에서 열리는 시즌이다. 군수님이 멀지 않은 곳에 계신다고 한다. 재빨리 그곳으로 달려갔다. 설명을 들으신 군수님은 오케이 하신다. 현장 결재를 마치니 긴 하루가 다 지나고 있었다.

이제는 행사 준비다. 한국여성경제인협회 실사단이 2번이나 먼 이곳 진도까지 왔다. 우선 쏠비치 진도에서 컨벤션 규모와 숙소, 식사 상황을 점검했다. 다음은 실내체육관을 점검하는 순서다. 한국여성경제인협회 측에서 자꾸 딴지를 건다. 주 행사장인 실내체육관이 좁고 부대시설을 사용하기 불편하단다. 더 큰 행사도 치른 경험이 있다고 설득했다. 5,000명이 넘게 참석한 전국노래자랑을 이곳에서 치러 낸 것을 설명하면서…….

내가 체육관에서 행사해야 한다고 고집하는 이유가 있다. 이곳에서 해야 진도읍에서 식사와 농수산물 구매를 할 수 있기 때문이다. 바로 군민들 소득과 직결된다.

군수님께서 대규모 축제에 버금가는 행사를 준비하라는 특별 지시를 하셨다. 우리 과만 준비하던 행사가 규모가 확 커진 것이다. 16개 과가 참석하는 회의를 2차례나 갖고 하나하나 준비해 갔다.

다음은 행사장을 꾸릴 차례다. 근데 이걸 어쩐다. 행사 당일 많은 비가 오리라 예상된다는 예보다. 실내에 공간이 부족하여 외부에 농수산물 판매장과 진도군 홍보관, 여성 기업 홍보관을 만들려는 계획에 차질이 생겼다. 급히 계획을 수정했다. 야외공간 전체를 몽골 텐트로 치기로 한 것이다. 급히 광주에서 텐트를 공수해 와 행사장 공간을 만들어 나가기 시작했다. 이 공간을 메꾸는 데만도 텐트 50개가 더 필요했다. 공간을 만들고 보니 예상외로 여유 있는 공간이 구성되었다. 직원들의 아이디어로 크리스마스트리와 음향을 설치하여 분위기가 나는 공간으로 탄생시켰다.

행사 날이다. 꼭두새벽에 일어나 일기예보부터 확인한다. 요즘 기상청 예보는 거의 정확하다. 틀리길 바란 내 마음을 시샘하듯 세찬 바람까지 불어댄다. 아침 일찍 행사장으로 나선다. 행사장 꾸리기가 무척 곤혹스럽다.

입구부터 갯벌 쌀을 비롯한 잡곡, 전복, 홍주, 건어물, 울금 판매장이 들어서고 떡메치기 체험, 진도홍보관들이 들어선다. 반대쪽으로는 전국의 여성 기업인들이 제각각 자기가 생산한 제품을 가져와 홍보와 판매에 열을 올리고 있다.

점심을 마친 전국의 한국여성경제인협회 회원들이 지부별로 버스를 이용해 행사장으로 들어오기 시작한다. 버스에서 내려서면 야외부터 비를 맞지 않고 입장하게 준비하였다. 전국에서 공수해 온 포인세티아가 빨간 자태를 뽐내며 행사장 안까지 길을 안내해 준다.

진도북놀이 회원들의 환영 공연

환영하면 진도 아니겠는가. 진도의 자랑이 나설 차례다. 진도북놀이 보존회원들이 환영 공연을 시작한다. 버스에서 내린 여성 CEO들은 흥겨움에 어깨춤으로 호응 해온다. 근데 이를 어쩌나? 버스가 띄엄띄엄 도착이라 10분 해도 힘든 공연을 한 시간을 넘게 하고 있다. 지친 단원들을 다독이는 이희춘 회장의 공력이 대단하다. 끝나면 목욕비라도 더 드려야 할 것 같다.

2시 정각에 시작된 실내 행사는 큰 무리 없이 진행되고 있다. 개막식 진행 후에 잠시 쉬는 시간을 이용하여 1,000여 명이 야외 행사장과 부대 행사장으로 쏟아져 나온다. 무료 시식과 시음을 하는 전복과 홍주 판매대에 줄이 생긴 지 오래다. 덩달아 다른 판매장까지 활기가 넘쳐 난다. 이렇게 하루 현장에서 판매된 농수산물은 5천여만 원에 이르렀다.

공식 행사를 마친 여성 CEO들은 지부별로 마련된 식당들로 흩어졌다. 저녁 식사 장소는 7곳이다. 식당들은 사전에 친절 교육과 위생 상황을 점검해 두었다.

군수님이 한국여성경제인협회 회장단과 식당을 돌아다니며 인사를 하기로 하였다. 처음 간 곳부터 술잔이 오고 간다. 술을 못 드시는 군수님이 걱정이다. 어라, 근데 오늘은 한 잔씩 받아 드신다. 다니는 식당 숫자가 늘어날수록 군수님의 얼굴은 붉게 타오르고 있다.

다음 날 리조트에서 아침 식사를 마친 여성 CEO들은 진도 이곳저곳을 점령해 나갔다. 향토문화회관에서는 진도의 민속 공연을, 진도개 테마파크에서는 진도개 공연을 했다. 진도의 민속과 진도를 처음 접해보는 여성 CEO들은 공연을 보는 도중 곳곳에서 감탄사를 뱉어내고 있다. 진도 농수산물 판매장인 진도 명품관과 개인들이 운영하는 특산품 판매장에도 한참 동안 붐볐다.

"누가 이 행사를 유치했다요?"

진도읍 식당 주인이 하는 이야기였다.

08 방법은 찾아내면 된다

"어려워도 너무 어렵습니다. 방법이 없을까요?"

진도 전복협회 사무국장의 푸념 섞인 하소연이다. 바다의 황금이라 불리던 전복 가격이 몇 년 사이 급락하였다. 출하 시기 조정 등으로 근근이 버텨오던 어가들이 후쿠시마 오염수 배출 논란으로 발등에 불이 떨어졌다. 소비가 위축되고 공급은 넘쳐나 가격이 절반 가까이 떨어진 것이다. 더구나 올해는 태풍의 영향도 없어 최적 생산 환경이 조성돼 전복이 과잉 생산된 탓도 있었다. 전복 어가들이 어려움이 겹치면서 벼랑으로 몰리고 있는데 대책은 없다고 연일 매스컴에서 난리다.

우리 진도군은 서울·경기권의 킴스클럽, 부울경의 메가마트와 협약을 맺고 전복을 판매해 왔으나 생산량에 비해 적은 양이 소비되고 있었다. 나머지는 전복 유통업체가 소화를 해주어야 하나 물량이 과잉 생산되고 소비가 급감하면서 팔리지 않은 전복들이 많아졌다. 전복협회, 전복 유통업자, 행정이 머리를 맞대고 수차례에 걸쳐 대책을 고민했다. 달리 뾰족한 수가 있을리 없었다. 전복 사주기 등 자발적인 전복 소비 촉진 운동을 전개하면서 직거래 장터를 통해 최대한 많은 전복을 소비하는 게 최선의 방법일 것 같았다.

전복 소비 촉진을 위한 직거래 장터 개설에 들어갔다. 우선, 우리 군에서 가장 많은 관광객이 모이는 쏠비치 호텔&리조트 진도 측과 협의하였다. 경내에서 직판 행사를 하자는 우리의 의견에 손사래를 친다. 그도 그럴 것이 한번 이와 같은 행사가 개최되면 나중에는 다 들어 주어야 하는 그들의 입장도 있었다. 대신 행사 기간에 가진 모든 역량을 다해 홍보해 주기로 했다.

어쩔 수 없이 쏠비치 호텔&리조트 진도 입구 방향에 몽골 텐트를 치고 전복 할인 판매를 하기로 하였다. 이 할인 행사에는 전복뿐만 아니라 진도 쌀, 잡곡, 김·미역 등의 건어물과 진도산 바나나도 함께 판매하였다. 더운 날씨에 생각보다 전복 판매가 시원찮다. 평소보다 50% 가까이 내린 가격이지만 외지에서 온 관광객들의 시선을 잡지 못한 것이다. 행사를 준비한 전복협회 사무국장이 흘린 땀방울만큼이라도 소비가 되면 얼마나 좋을까? 하지만 우리의 바람은 거기까지였다. 소비량의 절반 이상을 진도 군민들께서 소비 촉진 행사에 협조해 주셨다.

다음 판촉 행사는 부산 사하구 다대2동으로 정했다. 이곳은 내가 면장으로 있던 의신면과 자매결연을 하고 해마다 교류하고 있던 곳이다. 동장과 주민자치 위원장에게 상황을 설명하니 선뜻 도와주겠다 한다. 판매 날짜는 이곳의 장이 서는 날로 정했다. 홍보물을 제작하여 사전에 홍보가 될 수 있도록 전달했다. 우리는 큰 기대를 하지 않고 전복 판매장을 개설했다. 근데 이게 웬일인가. 판매장을 열기 전부터 200여 명이 넘는 분들이 줄을 서는 게 아닌가? 아연실색할 수밖에 없었다. 그야말로 전복은 날개 돋친 듯 팔려 나갔다. 준비해 온 물량은 오전 일찍 떨어졌다. 다행히 부산 거래처에 납품할 전복이 주변 집하장에 있었다. 행사장에 오신 분들에게 양해를 구하고 오후에 판매를 재개하여 우리 계획보다 두세 배 이상 많은 물량의 전복을 소비할 수 있었다. 이는 우리와 인연이 있었던 동장과 주민 자치위원회에서 사전 홍보와 판매장 운영에 최선을 다해 주어 큰 성과를 낼 수 있게 된 것이다. 하지만 이만큼으로는 효과가 별로 없다. 이후에 진도군 전복협회와 생산 어민들과 함께 축제 특판 행사, 직거래 장터 등에 할인 행사를 꾸준히 하여 전복 소비 촉진에 힘을 보탤 수 있었다.

3장 | 용기 있는 자가 진짜 축제를 만든다

불광불급(不狂不及)

미치지 않으면 미치지 못한다.

—사자성어

01 찾으면 답은 늘 있었다

2003년 2월 문화관광과로 발령이 났다. 이때 맺게 된 관광과 나의 인연이 내 남은 공직에 깊게 뿌리 내린다.

첫 업무는 문화예술진흥이었다.

강강술래, 진도 씻김굿, 진도만가 등 국가 및 도 지정 무형문화재 전승과 보존, 진도군립민속예술단 관리 및 공연을 지원하는 일이었다. 이때까지만 해도 나는 진도 출신이면서도 진도의 민속문화에 문외한이었다. 열심히 공부하는 수밖에 없었다.

내가 업무를 맡은 지 얼마 되지 않아 예술단의 대대적인 변화가 있었다. 연출 단장과 사무장이 바뀌고 단원도 신규로 임명하여 확충하였다. 새로운 분위기에서 잘해보자는 의지가 넘쳐났다. 행정에서도 새로운 사업을 구상하여야 했다.

어느 날 충격적인 이야기를 전해 들었다. 진도군립예술단원들 중 일부가 저녁마다 기생 노릇하고 있다고……. 내용을 파악해 보니 외부에서 단체 관광객들이 와서 식당에서 저녁을 먹으면서 국악인들을 불렀는데 여기에 예술단원이 끼어 있었다. 이때만 하더라도 저녁에 국악인을 불러놓고 술 마시던 풍습이 남아 있었던 시기였다.

자존심이 상했다. 이런 이야기를 듣지 않기 위해서는 방법을 생각해야 했다. 많은 방법이 떠올랐다. 최종 결론은 40명 이상의 단체 관광객이 사전 신청을 하면 예술단이 직접 현장을 찾아가서 공연하는 '찾아가는 민속공연'을 도입하는 것이었다.

열악한 식당에서 했던 찾아가는 민속공연

처음 시도한 사업이라 계획 수립부터 난관에 부딪혔다. 결재는 말할 필요가 없었다.

"뭐 할라고 이런 일 하냐, 가만히 있어도 월급은 나오는데……."

예산을 세우기는 더 어렵다. 어찌하여 당초 생각했던 것보다 규모는 작아졌지만 시작을 하게 되었다. 주말은 물론이고 평일 저녁에 2~3곳의 식당과 공연장을 단원들과 함께 돌아다녔다. 공연 시간은 30~40분으로 공연 내용은 남도민요, 판소리, 진도북놀이 등이었다. 공연 사회는 내가 보았다. 음향 시설은 열악하기 짝이 없어, 그냥 육성으로 할 때가 많았다. 공연할 수 있는 장소도 제한적이어서 몇 군데 안 되는 대형 식당 위주로 공연하게 되었다.

보통 첫 공연은 7시 넘어 시작하게 된다. 공연을 시작하기 전에 여러 가지 주의 사항에 관해 이야기한다. 주요 공지 사항 중의 하나가 저녁 식사를 하면서 약주를 드신 분들이 꼭 하는 실수가 있었다. 공연 중에 단원들을 만진다거나 하여 공연을 방해하는 것이다. 이러면 공연을 중지하겠다고 공지한다. 하지만 저녁에 반주로 한두 잔 마신 술이 넘쳐 실수하시는 분들이 더러 있다. 젊은 여자 단원들이 공연을 할 때 몸을 만지는 일이 종종 발생하는 것이다. 그러면 여지없이 공연을 중단하고 철수해 버렸다. 처음에는 이만한 일로 공연을 안 하면 되겠느냐고 항의가 빗발쳤으나 여지를 두지 않았다. 다행스럽게도 그런 일이 몇 번 있고 난 뒤부터는 소문이 났는지 이런 일이 발생하지 않았다.

공연이 끝나고 함께 한 단원들과 뒤풀이를 하고 사무실에 오면 자정이 넘는다. 고생은 하였지만 예술단원들에 대한 평판이 좋아지기 시작했다.

찾아가는 민속공연은 여름에는 해수욕장으로 찾아갔다. 지금이야 이벤트 업체에 무대와 음향 시설을 맡기면 되지만 이때만 해도 진도에 이벤트 업체가 없었다. 하는 수 없이 친구의 화물차를 빌려 무거운 나무로 된 무대를 만들 수 있는 나무판을 실어다가 직접 무대를 만들고 음향을 설치하여 공연하게 하였다. 그것도 진도에 있는 3개의 해수욕장을 주말마다 찾아가는 강행군을 하였다. 이때 흘린 땀의 양은 어마어마했을 것으로 생각한다.

이 모습을 본 젊은 예술단원들이 나를 도와주기 시작하여 갈수록 힘은 덜 들게 되었다. 이때의 인연이 지금도 계속하여 이어지고 있다. 한마디로 불광불급의 시절이었다. 찾아가는 민속공연은 전국에서 가장 먼저 시작한 시책으로 평가되어 이후 많은 자치단체에서 도입한 걸로 알고 있다. 우리도 찾아가는 민속공연을 진도에서뿐만 아니라 서울 등 대도시, 고속도로 휴게소, 목포역 등으로 점차 범위를 넓혀갔다. 그만큼 예술단에 대한 홍보가 되어 인지도가 올라가기 시작했다.

02 너 미쳤냐! 이런 곳에서 하라고

지난 3월에 진도군립민속예술단이 매주 토요일에 하는 토요민속여행 공연이 1,000회를 기념하는 성대한 축하 공연을 하였다. 내가 처음 접했던 토요민속공연은 그야말로 총체적인 난국이었다. 전국의 군 단위에서 처음으로 만들어졌다는 예술단은 아마추어리즘에 젖어 있었다.

전문적인 단원들이 아닌 평소에는 농사와 상업 등 자기 일을 하다가 토요일 오전에 모여 리허설하고 오후 2시에 공연을 하는 시스템이었다. 프로그램도 강강술래, 남도들노래 등 국가무형문화재와 진도북놀이 등 도 지정 무형문화재를 순서대로 공연하는 수준이었다. 다행스러운 것은 예능 문화재 선생님들이 여러분 계셔 이분들을 중심으로 프로그램이 짜였다는 것이다. 지금도 이때 구성되었던 창극, 남도민요, 진도북놀이 등이 대표 프로그램으로 구성되어 공연에 오르고 있다. 그리고 차츰 연출 감독의 새로운 작품들이 구성되어 무대에 오르게 되었다.

하지만 토요일 오후에 공연 시간이 되면 그야말로 환장할 노릇이었다. 관객들이 없어도 너무 없는 것이다. 공연자는 50명이 넘는데 관객 수는 30명도 안 될 때도 있었으니 말이다. 안 되겠다 싶어 방안을 강구했다.

우선, 홍보물을 만들어 전 마을에 배부하고 언론에도 토요민속여행을 알리기 시작했다. 공연이 없는 평일에 단원들과 행담도 휴게소, 목포역 광장 등을 찾아 민속공연을 하였다. 이때 재미있는 일화가 있었다.

우리가 처음으로 공연하게 된 목포역 앞 광장에서다. 공연자들이 현장에 도착해 보니 무대는 없고 음향은 들고 다니는 소형 앰프에 마이크만 달랑 주면서 공연을 하라 하니 공연자들은 아연실색하였다. 모 무형문화재 예능 보유자분께서 "너 미친 거 아니냐고 이런 곳에서 공연을 하라고." 하시고는 공연을 못 하시겠단다. 공연의 취지를 설명하고 설득할 수밖에 없었다. 한참 동안 듣고 계시더니 이해하신다는 듯 너털웃음을 지으시고 이후에 멋진 공연을 해주셨다.

이러한 다양한 홍보에 힘입어 차츰 공연장에 관객들이 늘어가기 시작했다. 열악한 상황에서 하나의 목표를 가지고 함께 했던 모든 분에게 감사를 드리고 싶다. 한참 진도의 민속문화에 빠져있는 9월에 자리를 옮기게 된다. 같은 과의 서무와 축제업무를 보기 위해서…….

찾아가는 민속공연

행담도 휴게소 홍보 공연

03 준비하니 기회가 찾아왔다

짧은 기간이었지만 처음으로 내가 만든 일을 해봤다. 늘 수동적으로 정해진 업무만 해야 했던 지난날이 주마등처럼 스쳐 지나갔다. 생각만큼 성과가 크진 않았지만 스스로 기획하고 실행해 보니 많은 보람을 느낄 수 있었다. 할 수 있다는 자신감을 가진 소중한 기회였다.

이후로 나에게는 많은 변화가 찾아왔다. 상상의 나래를 펼치며 새로운 일에 도전하여 성공하기 시작한 것이다. 작은 성과들이 모여 큰 성공을 이루듯이 기회는 만드는 자에게 찾아온다고 하였다. 긍정적인 마인드로 지역을 좀 더 아름답게 변화시키자는 사명감에 재미있고 즐거운 마음으로 일을 하다 보니 성과가 저절로 따라온 것이다. 나 자신의 능력과 잠재력에 스스로 놀라며 적극적으로 행동하니 기회가 나에게도 손짓하기 시작한 것이다.

기회는 만드는 자에게 찾아온다. 이 말은 기회를 수동적으로 기다리기보다는 능동적으로 찾아 나서는 것이 중요하다는 의미일 것이다. 주도성을 가지고 새로운 시각과 아이디어로 문제에 접근하면 해결되고 기회는 만들어낼 수가 있다. 실패의 두려움을 생각하지 말고 도전을 거듭해야 한다.

주변을 돌아보면 다양한 전문가들이 있다. 이들과 교류하며 정보와 기회를 얻어 내야 한다. 더불어 끈기와 인내만이 성공에 이르게 할 수 있다. 자기 능력과 잠재력을 믿고 긍정적인 마인드와 도전정신을 가지고 있다면 새로운 기회가 내 앞에 나타난다. 기회를 잡기 위해서는 더 중요한 게 있다는 걸 알아야 한다. 준비에서 멈추지 말고 도전을 해야 한다는 것이다. 기회를 잡기 위해 수많은 사람들이 준비를 열심히 해 놓고는, '내 선택이 틀렸다면?', '준비가 더 필요한 건 아닐까?', '실패하면 어쩌지?'라는 생각으로 도전을 망설이게 된다. 물론 자신의 준비가 부족할 수도 있다. 그렇지만 망설이는 이유가 신중하게 접근하기 위해서인지, 실패에 따른 두려움 때문인지 잘 생각해 봐야 한다.

기회를 잡으려면 준비하고 더 나아가 도전해야 한다. 그렇지 않으면 기회는 언제 찾아왔었는지조차 모르게 지나쳐 버리고 말 것이다. 자신에게 찾아온 것을 기회라고 믿고, 더 이상 망설이지 말고 도전하자. 기회는 준비된 사람이 아니라 준비해서 도전하는 사람에게 찾아온다.

세계적인 동기부여 전문가 나폴레옹 힐은 '기회는 준비된 자에게 찾아오지만, 그것을 잡는 것은 용기 있는 자의 몫이다.'라고 했다. 이 말은 기회를 잡기 위해서는 단순히 준비만으로는 부족하고, 그 기회를 잡을 용기와 결단력도 필요하다는 것일 것이다. 준비와 용기가 함께 있어야 기회를 성공적으로 잡을 수 있다.

04 국내 최대면 당최 얼마나 된당가

이순신 장군과 진도는 인연이 깊다. 1591년 2월 진도 군수로 발령받았으나 부임 도중 다른 곳으로 승진 발령되어 실제 진도 군수직은 수행하지 못하셨다. 그로부터 6년 후인 1597년 9월에 벽파진에서 16일을 주둔하며 명량대첩을 준비하게 된다. 기간에 장군이 이룬 23전 23승의 승전인 벽파진 해전에서도 승리하셨다.

명량대첩 하루 전 우수영으로 진을 옮겨 그해 9월 16일 명량해협에서 13척의 배로 133여 척의 왜선을 물리친 세계 해전사에 빛나는 전투를 치르신다. 이때 진도 군민들은 이충무공의 대승을 돕게 된다.

오호통재라. 명량해전에서 승리한 공께서는 일본군의 추격을 피하고 군대를 재정비, 보급을 확보하기 위해 고하도를 거쳐 군산까지 후퇴한다. 전투를 도와 승리한 진도와 해남 군민들의 피해는 불 보듯 뻔한 일이다.

일본군은 진도와 해남 일대를 약탈하고 주민들을 학살하는 등 극심한 폭력을 자행한다. 많은 마을이 불타고 농경지가 황폐해져 군민들의 생활이 크게 피폐해졌다. 일본군이 서남해 일대를 점령하여 거점으로 삼았기 때문에, 주민들의 고통은 극에 달하게 된다.

2004년 재·보궐 선거에 당선된 군수의 일성은 관광수용태세 확립을 통해 진도군의 관광 르네상스 시대를 여는 것이었다. 멀리만 느껴졌던 관광수용태세가 내 앞으로 불현듯 다가왔다. 우리 군에서는 관광수용태세 개선을 위해 호남대와 한국관광공사에 전문 인력과 노하우를 지원해 줄 것을 여러 차례 요청하게 된다. 이를 계기로 한국관광공사에서는 우리 군 관광안내센터 운영, 지역축제 활성화, 관광 안내 체계 및 주요 관광지 환경개선 등에 대한 지원을 하게 된다.

호남대학교에서는 관광 행정 정책 전반에 대한 진단 및 개선 방안 도출, 관광업 종사자의 친절 의식 제고, 국내외 관광산업의 동향 및 정보제공 등을 해주었다. 한국관광공사와 호남대의 전문 인력들이 우리 군을 찾아 문제점 진단과 대책에 대해 수많은 토론과 회의가 이어졌다.

이를 기반으로 다음 해 2월에는 한국관광공사, 호남대, 우리 군이 서울 롯데호텔에서 '관광수용태세 시범 자치단체 지정 조인식'을 갖게 된다. 이후 많은 연구진과 한국관광공사 임원들이 우리 군 관광수용태세를 확립하기 위해 진도를 방문하게 된다. 이때 한국관광공사 관계자가 진도대교를 건너면서 보이는 진도타워 자리에 '동양 최대의 이충무공 동상을 건립하면 어떻겠냐?'라고 군수에게 건의를 하게 된다.

군수는 바로 다음 날 우리에게 검토 보고를 하게 하였다. 검토를 해본 결과 만금산 정상에는 관광지 지정 변경 등 절차가 복잡하였다. 부지도 개인 소유라 매입 절차 등 기간이 오래 걸릴 것 같다고 보고했다. 재차 지시되어 다른 부지를 알아보았다.

다행스럽게 지금 이충무공 동상이 자리한 곳이 바로 추진이 가능한 지역이었다. 곧바로 공모 절차 등 건립 절차를 밟게 되었다. 하지만 이때 큰 실수를 범하게 된다. 개발사업에 문외한들이 이 업무를 맡으면서 중대한 실수를 하게 된 것이다. 공모 절차에 대한 이해와 공부가 부족하였다.

공모를 통한 사업자를 선정하고 2005년 10월에 녹진리 해변공원에 이충무공 동상을 건립하기 위한 기공식을 가졌다. 기공식에는 우리가 동원도 하고 자발적으로 모인 군민이 3,000여 명에 이를 정도로 대성황을 이었다.

"국내 최대면 당최 얼마나 된당가?"

행사에 참석한 한 촌로가 혼잣말처럼 내뱉은 말이었다. 얼른 가서 대답은 하지 못했다. 나도 확인을 못 해봤기 때문이다. 이후 차기 군수가 다른 사유로 공사를 중지하여 언론에 보도되는 일이 있었다. 이때 공모 절차 등의 문제점이 도출되어 감사원 감사에서 지적을 받게 된다. 하지만 우여곡절을 거친 끝에 국내에서 최대 규모인 30미터짜리 이충무공 동상이 녹진 관광지에 들어서게 되었다.

국내 최대 규모 이충무공 동상

05 진도 대파가 최고여라

지역의 농수산물 홍보와 판매를 위한 방법에는 여러 가지를 들 수 있다. 그중 가장 효과적인 게 대형 유통기업과의 협력 방안이 아닌가 생각된다.

널리 알려지지 않은 지역 농수산물에 대한 소비자들의 접근성을 높이고, 판로 확대를 위해 대형 유통기업의 온라인 쇼핑몰이나 오픈 마켓 입점을 통해 온라인 판매 및 홍보를 할 수 있다. 다음은, 대형 유통기업들의 오프라인 매장에 지역 특산물 코너를 마련하거나, 팝업스토어를 만들어 판촉 행사를 할 수 있다. 이는 소비자들에게 인지도를 높일 수 있고, 직접 체험할 기회를 제공할 수 있기 때문이다. 또한 이미지를 제고하여 인지도를 올릴 수 있는 공동 브랜드를 개발하고, 이를 활용한 마케팅 활동도 빼놓을 수 없다.

아울러 네이버 쇼핑, 쿠팡, 11번가 등 온라인 쇼핑 플랫폼에 전용 판매 채널을 구축하여 안정적인 판로를 확보하고, 소비자에게 신뢰감 있는 구매 경험을 제공할 수 있다. 지역 농수산물에 대한 소비자들의 인식을 제고하고, 구매 욕구를 높일 수 있는 홍보를 겸한 교육 프로그램도 한 방법일 수 있다. 이와 같이 지역의 농수산물 홍보와 판매를 위해 자치단체와 대형 유통기업들이 다양한 방식으로 협력을 이루어 가고 있다. 이는 지역 경제 활성화는 물론 소비자들의 만족도 향상에 기여할 수 있다.

일주일에 50만 개, 최단기간 140만 개, 1차 150만 개 완판, 2차 추가 출시…….

2023년 7월 출시된 '진도 대파 크림 크로켓 버거'가 세운 기록들이다.

20여 평의 좁은 사무실에 알 수 없는 긴장감이 흐른다. 직원이라고 해봐야 10명인 초미니 부서다.

"와따! 사무실 분위기가 우째 이란다요!"

넉살 좋은 팀장의 한마디에 사무실 분위기가 한결 누그러진다. 작년 7월 군수가 바뀌면서 대대적인 조직 개편이 있었다. 여기 모인 사람들은 오늘이 첫 만남이라 데면데면하다. 가벼운 인사 후 탁자에 빙 둘러앉는다. 회의하기 위해서다. 이런 때 사회자로 나서야 하는 숫기 없는 서무팀장은 자꾸 곁눈질을 해댄다.

자신이 없으리라. 할 수 없이 내가 "흐음 흐음" 두 번의 목청을 가다듬고 나섰다.

"만나 뵙게 되어 반갑습니다. 자 다들 자기소개부터 하도록 하겠습니다."

돌아가면서 자기소개를 한다. 미리 준비한 사람도 있고, 급하게 하느라 긴장한 목소리도 들려온다. 대파 버거 이야기를 하다가 웬 갑자기 사무실 이야기가 나오는지 어리둥절할 것이다. 눈치 빠른 독자께서는 대파 버거가 여기서부터 시작되었음을 짐작했을 것이다.

인사 발령으로 면장을 하다가 본청의 부서장으로 전보되었다. 농수산물 유통을 책임지는 자리였다. 발령받은 첫날 직원들과 함께 잘해보자고 했던 말이 센세이션을 일으킬 것이라고는 짐작도 하지 못했다. 발령받은 날부터 첫째도, 둘째도 군민 편에서 농수산물 마케팅을 해나가자고……. 우리는 그렇게 의기투합하였다.

신설된 조직의 부서장으로서 책임이 막중함을 느꼈다. 방법을 강구해야만 했다. 그만큼 절실했다. 몇 안 되는 직원과 아이디어 회의를 했다. 거기서 거기의 의견들이 오간다. 지역 경제 활성화 전문가들에게 도움을 요청했다. 흔쾌히 우리의 고충을 이해하고 함께 머리를 맞댔다. 코로나 팬데믹으로 주목받기 시작한 로코노미를 연계한 대형 기업과 협력을 도모하자는 데 뜻이 모였다.

우리는 대형 유통 기업에 대한 구애를 시작하였다. 이들과의 지속적인 소통과 니즈를 파악하기 위해 단계를 거쳐 접근해 갔다. 먼저, 진도로 초대하여 우리 농수산물의 우수성을 전달하기 위한 팸투어를 진행했다. 첫 번째로 28명이 참석하였다. 정성을 다해 우리의 우수한 품질의 농수산물을 선보였다. 왜 이제 초대했느냐고 아우성이다.

유통 기업 본사를 방문하여 읍소도 하고 자랑도 해댔다. 서울, 부산 등 대도시 대형 마트에서 팝업스토어도 열었다. 차츰 이들과 공감대를 형성해 나가기 시작했다. 모 회사와는 협업하여 편의점에 진도 대파를 활용한 간편식 3종(김밥, 도시락, 핫도그)을 출시하여 좋은 반응을 얻기도 하였다.

06 말이 씨가 되었을까

남녘 끝 진도에서 직원들과 함께 차를 타고 서울로 출장 가는 것은 여간 번거로운 일이 아니다. 운전하는 직원에게는 늘 미안한 마음이 있다. 그래서 더욱 성과를 내고 싶은 마음이 간절했다.

한번은 유명 커피 브랜드에 진도와 협업을 하고자 제안했으나 조건이 맞지 않는다고 퇴짜를 맞았다. 그래도 물러서지 않았다. 꾸준히 대형 기업의 문을 두드렸다. 그러던 중에 맥도날드에서 '한국의 맛' 로컬 소싱 프로젝트를 진행하고 있다는 것이 떠올랐다. 맥도날드에서는 2021년부터 창녕 갈릭 버거, 보성 녹돈 버거를 차례로 선보여 선풍적인 인기를 끌고 있었다.

맥도날드가 우리 진도의 농산물을 활용하면 어떨까 하는 생각이 머릿속을 떠나지 않았다. 마음이 통했을까? 맥도날드에서 연락이 왔다. 맥도날드 코리아 대외협력이사였다. 진도의 대파를 활용해 신제품을 개발하고자 하는데 협업이 가능하냐고 물어왔다. 기회를 준다면 당장 내일이라도 올라갈 것이니 만나자고 했다. 돌아온 대답은 관련자가 모두 참여해야 하니 일주일 말미를 달라고 한다. 감사하다고 거듭 인사를 하며 일주일 후 만나기로 하였다.

빠르게 일주일이 지나 드디어 서울에 가는 날이다. 왠지 모를 흥분감이 온몸을 감싸 안는다. 이는 좋은 일이 있을 때 내 몸이 보내오는 신호이다. 새벽 댓바람에 출발한 우리 일행은 약속 시각인 오후 2시가 다 되어 서울 종로의 맥도날드 본사에 도착했다.

회의실에 들어서니 분야별 담당자가 여럿 기다리고 있다. 우리도 네 명이 참여했으니 적은 숫자가 아님에도 기가 눌림을 느낀다. 인사 후 곧바로 본론으로 들어갔다. 진도의 우수한 농산물에 대해 간단하게 브리핑했다. 담당자들도 흥미롭다는 표정으로 이야기를 들었다. 맥도날드에서는 기존에 개발했던 제품을 언급하며 우리에게 진도 대파에 대해 질문을 했다. 나는 최근에 진도 대파로 개발한 신제품이 편의점에서 반응이 좋다고 이야기했다. 맥도날드에서는 대파를 활용한 햄버거를 개발하여 시판하면 좋겠다고 의견을 냈고 나 또한 적극 찬성했다.

이에 우리는 대파 수급, 대파의 품질력 보장, 가격 조절 등 행정적 지원을 이야기하였다. 다만 진도 대파를 활용해서 햄버거를 출시해 달라고 강력하게 요청하였다. 이렇게 진도 대파 버거를 향한 첫걸음이 시작되었다.

맥도날드 본사 업무협의

해양성 기후를 가진 진도는 겨울에 땅이 얼지 않는다. 이는 겨울에도 작물이 자라고 수확이 가능하다는 말이다. 우리나라 겨울 대파 재배량의 30~40%를 차지하는 전국 최대 산지로 한 해 4만t 정도가 생산되고 있다. 하지만 낮은 지역 인지도와 수

요 감소로 가격 파동을 겪어 왔다. 최근 5년 새 3번의 대파밭을 갈아엎는 악순환이 반복되고 있었다. 대파 축제도 개최하고 TV 방송 프로그램에 방영하는 등 적극적인 홍보를 하였으나 일시적인 호응뿐 지속적인 판매 안정화에는 한계가 있었다. 대형 유통 기업과의 협업이 절실한 시점이었다.

07 워메 워메 진도사람들이 겁나게 기다렸당게

2023 대한민국 광고대상을 수상한 맥도날드 '진도 대파 크림 크로켓 버거' CF의 한 장면이다.

고즈넉한 해안가 대파밭, 노거수 아래 정자, 정감 있는 마을 회관, 70년대 미용실 등 진도 지역의 풍경을 그대로 담아냈다. 진도 대파의 특색을 잘 살려내 소비자들로부터 높은 관심을 끌어냈다는 평가도 받았다. 덕분에 전국 최대 대파 주산지인 진도군의 농산물 가치를 널리 알리는 계기가 되었다. 일거양득 아닌 일거삼득도 더 얻은 값진 결과였다. 맥도날드와 협업을 통해 진도 대파의 품질과 특성을 전국적으로 홍보할 수 있었고, 이를 통해 농가들이 제값을 받고 판매할 수 있게 되었으니 이 얼마나 좋은 일인가?

진도 군민 50여 명이 주인공이 되어 촬영한 CF 제작 에피소

드다. 맥도날드에서 촬영 장소와 출연자들을 섭외해 달라는 요청이 왔다. 어렵사리 장소와 출연자를 선발해 알려 드렸다. 진도를 방문한 관계자께서 오디션을 보더니 모두 아니란다. 한마디로 퇴짜를 맞은 것이다.

맥도날드와 기나긴 출연자 섭외가 다시 시작되었다. 오일장이 서는 곳은 물론이고 마을회관, 민속 전수관, 미장원 등 사람이 모일만한 곳은 다 찾아다니며 섭외했다. 실로 지난한 일이었다. 풍경이 있는 대파밭을 찾느라 진도를 몇 바퀴를 돌았는지 모르겠다.

진도 대파 버거 CF 촬영

촬영 날이 다가왔다. 대파밭에서 사용될 5톤 트럭과 경운기, 농기구는 일찍이 준비해 두었다. 이제 크랭크 인이다. 첫 장면에 사용될 촬영이 계속되고 있다. 수십 번의 레디고를 외친 후에야 오케이 사인이 떨어진다. 이후 촬영은 순조롭다. 미용실 장면이고 정자 아래 영감 타령도 단 몇 번 만에 끝이 났다.

이제 마지막 촬영이다. 마을회관에서 잔치하는 분위기를 연출하는 것이다. 진도북놀이 보존회 식구 등 가장 많은 인원이 모였다. 역시 진도 군민들이다. 흥겨운 분위기로 자연스럽게 촬영이 마무리된 것이다. 이렇게 모두의 염원을 안고 할매니얼 감성을 자극하는 CF가 탄생하게 되었다. 이 CF는 2023년 대한민국 광고대상에서 오디오 부문 대상을 수상하는 영예도 안게 되었다.

08 정성과 흥을 담아 '진도 대파 버거'가 출시되다

한국맥도날드가 한국의 맛(Taste of Korea) 프로젝트 3번째로 '진도 대파 크림 크로켓 버거'를 7월 초에 출시했다.

출시를 기념하여 여의도 IFC몰에서 '맥도날드 파밭 스토어'를 운영하였다. 신메뉴를 이색적으로 알리기 위해 진도의 마을과 대파밭으로 구성하고 진도 대파를 캐릭터화한 '진도대파쿵야'도 선보였다. '진도북놀이' 이희춘 회장이 이끄는 북놀이패는 파밭 스토어를 흥의 끝자락으로 한껏 끌어 올렸다. 그야말로 대박이다. 매장 앞에 줄이 끝없이 이어진다. 옆에 있던 맥도날드 관계자가 다른 매장들도 난리라고 귀띔해 준다. 버거 한 입 먹고 싶은 마음이 간절한데, 긴 줄에 미리 포기하고 돌아선다.

맥도날드 매장이 없는 진도에 이 소식을 알려야 한다. 목포까지 한달음에 달려왔다. 단체 주문을 받던 맥도날드 크루(매장 직원)는 대파 버거로 오늘 하루가 어떻게 지나간 줄 모르겠다고 너스레를 떨어댄다. 단체로 주문한 진도 대파 버거를 낚아채듯 받아 들고 진도로 달린다. 퇴근 시간 한참 지나 도착했다. 누구 한 명 빠지지 않고 대파 버거를 기다리고 있다. 재빨리 나눠주고 나도 하나를 집어 든다. 성질 급한 직원이 한입 베어 물더니 'Good'이라며 엄지를 치켜세웠다. 사무실에 매달려 있는 TV에서는 연신 진도 대파 버거 CF가 우리를 흥분하게 만들었다.

연일 방송과 신문, 유튜브에 대파 버거로 도배되었다. '일주일 50만 개, 최단기간 140만 개, 1차 150만 개 완판'되었다고…….

맥도날드에서 전화가 왔다. 소비자들의 반응이 너무 좋아 2차 출시를 해야 한단다.

근데 문제가 생겼다. 잦은 비와 태풍의 영향으로 대파 작황이 안 좋아진 것이다. 이러다 보니 가격도 많이 올랐다. 현장에서 이대로는 작업할 수가 없다고 난리다. 1차 50톤, 추가분 50톤, 진도 대파 버거로 엄청난 홍보가 되고 있는데 여기서 끝낼 순 없었다. 긴급히 현장을 찾았다. 그리고 대책을 논의해 방법을 찾아냈다. 가격상승분만큼 대파 수송에 필요한 물류비를 지원하기로 한 것이다. 지원을 약속하자 대파 작업은 순탄히 이루어져 9월에 추가로 출시하게 되었다.

맥도날드와 상생 협력의 결과는 실로 대단했다. 먼저, 맥도날드 대표에게 우리 군 홍보와 농산물 소비 진작의 공을 들어 군수 표창을 하였다. 보통 지자체에서는 연말쯤에, 기업체에 감사패 수여로 성의를 보이는데, 우리 군에서는 출시 바로 다음 달에 표창하고 각종 언론매체에 홍보하여 판매에 도움을 주고자 하였다. 연말에는 우리 군이 추천하여 농림수산축산부장관 표창도 받게 하였다.

2023 정부혁신 우수사례 경진대회 '국무총리상'수상

우리 군의 상복은 더 화려하다. 전라남도 적극 행정 우수사례 경진대회 '최우수상', 대한민국 신뢰받는 혁신대상 행정혁신 분야 '대상', 2023 적극 행정 경진대회 '행정안전부장관상', 2023 정부혁신 우수사례 경진대회 '국무총리상'을 수상하였다. 그야말로 대통령상 빼고는 다 받았을 정도로 성과가 좋았다. 다들 고생한 보람이 있었다.

진도 대파 버거는 '로코노미'의 모범사례로 KBS, 조선일보 등 언론 보도 455회, TV 광고 50개 채널 17,398회, 유튜브 조회수 4억 7천만 회에 노출되었다. 2023 대한민국 올해의 히트상품 대상도 수상하였다. 진도군이 로코노미 선도 지자체로 불리며 타 지자체의 벤치마킹이 줄을 이었다. 나도 SBS 뉴스 출연과 전라남도 각종 워크숍에 불려 가 성공 사례 발표를 하는 영광도 누리게 되었다.

진도 대파 버거 열풍에 따라, 컵라면, 소시지, 대파 크림, 소시지 등 대파 활용 요리가 유행하고 유통 기업들은 ESG 경영과 친근한 이미지를 보여줌으로써 인지도가 상승하여 제품 판매에 도움을 주었다. 더 나아가 호텔 패키지, 애플 비어, 감귤 오름 맥주 등 주류와 공예품, 여행, 상점 등 다양한 분야와 접목되어 활용도가 커짐으로써 로코노미는 우리 군뿐만 아니라 각종 분야로 확산하는 계기가 되었다.

맥도날드와 협업으로 탄생한 진도 대파 버거는 진도 군민의 자부심을 증가시켰으며 진도 대파 브랜드 이미지 구축에도 기여하였다. 대형 유통업체의 진도 농수산물 협업 의뢰가 증가하고, 믿고 먹는 진도군 농산물이라는 브랜드 이미지 제고가 되었다. 이후 미국과 호주, 유럽에 우리 군 농수산물이 수출되는 계기가 되었다.

현재 진도군에는 맥도날드 매장이 없다. 첫 패스트푸드로 롯데리아 매장이 생긴 지 수년이 되었다. 이번 진도 대파 버거를 계기로 진도군에도 맥도날드 매장이 생겼으면 좋겠다. 우리 군민들도 한번 제대로 먹어 봐야 하지 않겠는가? 맥도날드에서는 긍정도 부정도 하지 않았지만…….

실로 대단한 성과가 아니겠는가?

09 불광불급, 미치지 않으면 미치지 못한다

불광불급(不狂不及)은 어떤 일을 하는 데 있어 미친 사람처럼 그 일에 미쳐야 목표를 이룰 수 있다는 말이다. 무언가를 이루려면 그것에 미쳐야 한다. 남들 하는 만큼 해서는 남보다 잘할 수 없는 것이다. 하지만 보통 사람들은 해보지도 않고 안 된다고 쉽게 포기하고 만다. 그래서 故 정주영 회장의 "이봐, 해봤어!"라는 말이 유명하다.

무엇에 미친 듯이 몰입하지 않고는 결코 어떤 일도 이룰 수 없었다. 뭔가에 집중하고 혼신의 힘을 다할 때 강력한 열정이 끓어오르게 되었다. 이러한 열정이 끊임없이 노력하게 했고 큰 성과를 거둘 수 있게 한 것이다. 열정이 나의 역량을 키워나가 발전시키고 성장시켰다.

지금껏 미쳤다는 소리를 자주 들었다. 당연히 업무에 미쳤다는 것이다. 처음은 관광과 문화예술팀에 있던 7개월이었다. 평범하던 공무원 생활이 국악과 진도의 민속문화를 접하면서 운명처럼 바뀌었다. 어떤 사명감이 나를 이끌었던 거 같다. 그러나 열정과 의욕만 있지 아는 게 없었다. 그야말로 좌충우돌하던 시기였다. 하지만 내 열정이 주변 사람들에게 긍정적인 영향을 미쳤나 보다. 다들 발 벗고 도와주었다. 내가 방향과 생각을 던지면 그들은 받아서 완성해 주고 다시 나는 실행에 옮기면 되었다. 그야말로 하루해가 짧다고 느낄 정도로 바쁜 나날을 보냈다. 밤을 낮 삼아 주말도 없이 강행군했다. 진도 민속에 대한 열정에 이끌려 스스로 결정하고 행동한 것이기에 흔들리지 않는 확고한 생각이 있었다. 그래서 주변의 유혹에 좌지우지되지 않고 버텨냈던 거 같다.

다음은 관광업무를 보게 되면서 주말마다 서울을 다니면서 진도개 한마당 행사를 준비할 때였다. 평일 출장이 안 돼 주말마다 서울시청으로 출근했다. 교통비에 특산품 구입비까지 모두 내 사비였다. 그나마 KTX가 개통되어 시간을 많이 줄여주어 고마울 뿐이었다. 그러나 오로지 하나 우리 군을 알려야 한다는 사명감으로 시간과 돈이 드는 게 아깝지 않았다. 다행히 일이 잘 추진되어 서울광장에서 진도개 한마당 행사를 치르는 큰 성과로 보답을 받게 되었다. 이후 숙명처럼 진도의 민속문화를 알리는 데 혼신의 노력했다. 하이서울페스티벌, 북 페스티벌, 종로 한복 축제, 남산한옥마을 등에 진도 씻김굿, 강강술래, 진도 북놀이, 소포 걸군농악 등을 소개하고 홍보하게 된 것이다.

다음으로 미친 공무원이 지역을 바꿀 수 있다는 이야기를 '운림예술촌 조성 사업'을 하면서 듣게 되었다. 다들 성공하기 힘들다는 우려를 뒤로하고 사업 추진에 박차를 가하고 있을 때 마을에서 하던 이야기였다. 평일은 물론 주말에도 아침 8시 전에 사업장에 나와 현장에 상주했다. 큰 설계변경은 어쩔 수 없었지만, 작은 일들은 현장에서 바로 수정하여 일을 추진하여 사업 기간을 대폭 줄일 수 있었다.

마을 분들과도 계속 소통의 자리가 만들어지다 보니 그간 반대하던 사업들도 찬성으로 돌아서 사업은 본궤도에 오르게 되었다. 사업이 늦게 시작되었지만, 남들보다 빨리 마무리할 수 있는 계기였다. 진도에 명소도 탄생하고 마을에서 고맙다는 감사패도 받았다. 도 감사에서는 적극 행정으로 징계 대신 우수 공무원으로 표창도 받았다. 최종 보고회에서는 전국의 30개 자치단체를 대표하여 우수사례를 발표하는 영광도 안게 되었다.

"전국 지방 자치 단체에 축제해 미친 공무원이 3명 있어요. 그중에 형님도 포함돼요."

축제 전문 MC이자 감독으로 전국의 축제장을 누비는 축제 전문가 동생이 했던 이야기다. 축제 매력에 빠져 전국의 축제장은 빠짐없이 다녀왔다. 주말을 이용하여 참 많이도 돌아다녔다. 가족과 함께일 때도 있었지만 혼자인 경우가 많았다.

'와일드 이펙트'를 쓴 유광선 작가께서는 사람과 사업이 지속 가능하게 하는 힘인 행복한 성공은 '100권의 책을 읽고, 100명의 전문가를 만나고 100곳을 방문하라.'라고 말했다. 나 또한 축제 현장을 방문하여 전문가와 대화하는 걸 즐기며 많은 걸 배워 우리 축제에 접목하였다. 시시각각 변하는 축제의 흐름을 놓치지 않기 위해서도 축제장 방문은 꼭 필요했다. 나중에는 마음이 맞는 축제 전문가, 교수, 공무원들과 축제 유랑단을 구성하여 국내 축제장은 물론이고 해외 축제장까지 다녀오기도 했다.

전국의 축제장에 가면 꼭 만나는 반가운 얼굴들이 있다. 축제를 평가하는 전문가들, 축제 전문 MC, 공연자 그리고 축제업무를 오랫동안 해온 공무원들이다. 기억에 남는 축제에 미친 공무원을 꼽으라면 당연 장흥군청 전희석 팀장을 들 수 있다. 기피 업무인 축제 업무를 12년 동안 해오고 있다. 8급에서 6급 팀장까지 한자리에서 업무를 보고 있다는 게 대단할 수밖에 없다. 장흥 물 축제 또한 해마다 발전을 거듭하여 우리나라를 대표하는 여름 축제로 발돋움하였다. 이 축제에는 국내뿐 아니라 외국인 관광객도 많이 찾는다. 12년의 미친 열정과 뚝심이 좋은 축제를 만들어 낸 사례라 할 수 있다.

나도 축제의 매력에 푹 빠져 열심히 한 결과 2015년에 문화관광축제 20주년 기념행사 시 축제 유공자로 문화체육관광부장관 표창을 받는 영광을 안게 되었다. 축제에 미쳐 산 세월을 조금이나마 보상받았으려나?

4장 | 우리에게 축제가 필요한 이유

길이 없으면 길을 찾고,
찾아도 없으면 길을 만들어 나가면 된다.
–정주영

01 잘되는 동네는 이유가 있다

전국 대부분의 지방자치단체가 인구 소멸 위기에 처해 있다. 이를 타개하기 위해 여러 가지 피나는 노력을 하고 있다. 그중에서 관광객을 유치하여 관계 인구 유입을 통한 지역 활성화를 위해 지역의 랜드마크인 명소를 만들어 가는 데 사활을 걸고 있다. 지역에 명소가 필요한 이유가 무엇인지 어떻게 만들어 가야 하는지 사례를 들어가면서 알아보도록 하겠다.

먼저, 지역에 명소가 필요한 이유가 무엇인지 알아보자.

첫 번째로 지역경제 활성화를 들 수 있다. 명소에 관광객들이 방문하면서 지역 경제를 활성화하는 데 큰 역할을 해주기 때문이다. 관광객이 지역을 방문하면서 숙박, 식사, 쇼핑 등 다양한 소비 활동을 통해 지역 경제에 기여하게 되기 때문이다.

다음은 일자리 창출을 들 수 있다. 관광 산업이 발달하면서 관련된 서비스업, 숙박업, 음식점 등에서 많은 일자리가 창출된다. 이는 지역 주민들에게 더 많은 고용 기회가 제공됨은 물론이다.

다음은 문화 교류 활동을 들 수 있겠다. 명소를 방문하는 관광객들이 방문한 지역의 문화와 역사에 대해 배우고 경험할 수 있다. 이는 지역 주민들과 관광객 간의 문화 교류를 촉진하고 상호 이해를 높이는 데 기여하게 된다.

명소가 있다는 것은 지역 주민들에게 자부심을 심어준다. 자신이 사는 지역에 명소가 있다는 것은 주민들에게 긍지와 소속감을 줄 수 있다.

다음으로는 지역의 인프라가 개선된다. 명소가 위치한 지역에는 방문한 관광객들의 불편을 최소화하기 위한 인프라를 개선해야 하기 때문이다. 더불어 교통, 숙박 시설, 공공시설 등이 발전하게 되어 지역 주민들도 더 나은 생활 환경을 누릴 수 있게 된다. 또한 자연 명소의 경우, 관광객의 관심이 집중되면 해당 지역의 환경 보호에 대한 중요성이 부각될 수 있다. 이는 지역 주민과 관광객 모두가 환경 보전에 대한 인식을 높이는 계기가 될 수 있다. 이와 같은 이유로 인해 지역에 명소가 존재하는 것은 여러 방면에서 긍정적인 영향을 미치고 있다.

이러한 이유로 지방자치단체들은 지역 명소를 만들기 위해 다양한 노력을 기울이고 있는데 그 노력을 살펴보면 다음과 같다.

첫 번째로 인프라 구축에 집중한다. 관광객의 접근성을 높이기 위해 도로, 철도, 공항 등 교통 인프라를 확충하고, 호텔과 게스트 하우스 등 숙박 시설을 늘려 관광객의 편의를 도모한다. 또한 관광지 주변에 공공 화장실, 주차장, 안내소 등 편의 시설을 개선하여 방문객들이 쾌적하게 머물 수 있도록 해 나간다.

둘째, 관광 자원을 개발하고 보호하는 데 힘쓴다. 지역의 역사적, 문화적 유산을 보존하고 복원하여 관광 자원으로 활용하며, 자연 명소의 경우 그 경관을 보호하고 관리하여 지속 가능한 관광을 추구해 간다. 새로운 테마파크, 박물관, 전시관 등을 조성하여 관광객을 끌어들이는 것도 중요한 전략 중 하나이다.

셋째, 마케팅 및 홍보 활동을 적극적으로 펼친다. 지역의 특색을 살린 관광 브랜드를 개발하여 홍보하고, 소셜 미디어, 웹사이트, 앱 등을 활용한 디지털 마케팅을 강화한다. 또한 지역 특색을 살린 축제나 행사를 개최하여 관광객을 유치하고, 이를 통해 지역의 매력을 널리 알린다.

넷째, 지역 주민들의 참여를 유도한다. 관광 관련 교육과 훈련을 제공하여 주민들이 관광 산업에 참여할 수 있도록 지원하며, 주민들이 자발적으로 참여하는 지역 관광 프로그램을 개발하고 지원한다. 또한 주민들이 주도적으로 관광 사업을 운영할 수 있도록 협동조합 설립을 지원하기도 한다.

다섯째, 정책 및 제도로 관광 개발을 뒷받침한다. 관광 개발을 위한 예산을 확보하고, 관련 사업에 재정 지원을 하며, 관광 사업 활성화를 위해 관련 규제를 완화하고 행정 절차를 간소화한다. 민간 기업과 협력하여 공동으로 관광 사업을 추진하는 것도 중요한 전략이다.

마지막으로, 지속 가능성을 고려한 관광 개발을 추진한다. 관광 개발 과정에서 환경 보호를 위한 정책을 수립하고, 친환경 관광지 인증 등 지속 가능성을 고려한 관광지를 개발하여 환경과 경제가 조화를 이루는 지속 가능한 발전을 도모한다.

이러한 다양한 노력을 통해 지방자치단체들은 지역 명소를 개발하고, 이를 통해 지역 경제 활성화와 주민들 삶의 질 향상을 목표로 하고 있다.

02 구름에 머물고 싶다

"이 사업은 성공하기 힘듭니다."

행정안전부 공모사업인 운림예술촌 조성 사업에 대타로 투입되었을 때 들었던 말이다. 전임자와 마을 분들까지 성공하기 힘들다고 다들 손사래를 쳤다. 하지만 멋지게 해냈다. 전국의 30개 자치단체를 대표하여 우수사례 발표도 하고 언론에도 집중 소개되었다. 하지만 어려움과 우여곡절이 많았다.

나와 운림예술촌의 인연은 15년 세월을 건너 2008년으로 거슬러 올라간다. 한해 전 계장(현재 팀장)으로 승진하여 지산면 민원계장으로 근무하고 있던 도중에 갑자기 군청으로 인사 발령이 났다는 연락을 받게 되었다. 정기 인사가 끝난 뒤라 생각지도 못하고 있었고 더구나 나 홀로 인사라 많이 당황하였다.

나중에 이유를 알고 보니 수긍하게 되었다. 이유인즉슨 행정안전부에서 추진하는 '살기 좋은 지역 만들기' 공모사업에 우리 군 의신면 사천리 마을이 선정되었으나 선정 후 사업 추진이 지지부진하였다. 이를 타개하고자 사업을 기간 내 추진할 수 있는 적격자를 골라 보다 보니 내가 선정되어 대타로 긴급 투입된 것이다.

발령 다음 날, 무거운 마음을 안고 마을로 향했다.

마을에는 살기 좋은 지역 만들기 사업을 추진할 추진위원회가 구성되어 있었다. 이분들에게 인사도 드릴 겸 사업 추진이 안 되는 이유를 알아보기 위해 마을회관에서 만나기로 하였다. 지금은 고인이 되신 추진 위원장을 비롯한 마을 분들과의 첫 대면이 이루어졌다.

만나자마자 처음으로 마주한 마을 분들과 팽팽한 신경전이 시작되었다. 사업 내용에 대해 전혀 모르고 있던 나와 지지부진한 사업 추진에 이골이 난 마을 분들과의 첫 대면 자리였다. 한편으론 마을 분들의 나에 대한 기대감도 읽을 수 있었다. 반면에 사업 추진이 안 된 전임자들과는 무엇이 다를까 하는 호기심이 발동하였으리라 생각되는 어색한 만남이 이루어지게 되었다. 나 또한 마을에서 협조가 잘 이루어지지 않아 사업 추진이 안 되고 있다는 이야기를 전해 들은 바 있어 약간의 불신을 갖고 이 자리에 온 만큼 나름 양쪽의 신경전이 펼쳐졌다.

어색한 분위기를 깨고 추진 위원장이 먼저 이야기를 꺼내셨다. 어떻게 사업을 추진해 나갈 것인지, 언제까지 할 건지 등 사업 추진 로드맵에 관해 이야기하라고 조용하지만 진중하게 말씀하셨다. 다른 몇 분의 마을 분들께서도 나를 다그치듯 사업 추진에 대해 열을 올리시며 말씀들을 하셨다. 이분들이라고 하는 얘기를 종합해 보면 사업 추진이 안 되는 게 모두 진도군청의 문제라고들 하였다.

이와 같은 분위기에 압도된 나는 지금껏 사업이 정상적으로 추진되지 못한 게 나의 잘못인 양 쥐구멍이라도 있으면 들어가야 할 정도로 어찌할 바를 모르며 당황하게 되었다.

갈수록 무거워지는 분위기를 깨고 한 분이 중재에 나서 주셨다.

"오늘은 처음 만나는 자리이니만큼 서로 인사하는 자리로 만들고 별도의 자리를 만들어 사업 추진에 대해 논의합시다."

이렇게 이야기해 주는 게 아닌가. 천군만마를 만난 기분이었다. 이는 사업 내용과 추진계획에 대해 공부하지 않고 성급하게 오늘의 자리를 만들어 온 내가 원망스럽게 느껴질 즘 이와 같은 이야기를 들어서였다.

이분의 이야기가 끝나자마자 나는 재빨리 자리에서 일어나 다음과 같이 이야기하였다.

"오늘 여러분들을 만나 뵙게 된 건 업무를 맡아서 인사를 드리러 온 것입니다. 최대한 빨리 여러분들에게 인사드리고자 어제 발령받고 오늘 오다 보니 많은 내용들을 숙지하지 못하고 오게 되었습니다. 최대한 빠른 시간에 업무를 숙지하여 여러분들을 다시 뵙겠습니다."

그러자 다들 동의하여 주었다. 실로 꿈만 같은 첫 만남의 자리를 마치게 되었다. 자리를 파하고 사무실로 돌아오는 길에 '오늘같이 준비성 없는 모임을 앞으로는 절대 만들지 않겠다.'라고 굳게 다짐하였다. 이와 같은 다짐은 이후 이어진 공무원 생활에 깊게 적용되게 한 계기가 되었다.

회의를 마치고 사무실로 복귀한 시간부터 운림 예술촌 조성 사업에 대한 조사와 공부가 시작되었다. 공모사업 신청서는 물론이고 이에 기반이 된 '운림 예술촌 조성 사업' 기본 계획과 실행계획, 사업 대상지 마을에 대한 역사, 주변에 있는 자원, 그 안의 마을 사람들에 대해 알아보고 특히 기본계획을 작성하여 공모에 선정되게 한 호남대학교 김애숙 교수를 광주로 직접 찾아가 사업에 대한 많은 대화를 통해 사업에 대해 이해하게 되었으며 잘 만들어 갈 자신감을 얻고 돌아오게 되었다. 이후 김애숙 교수께서는 사업 추진에 대한 자문은 물론 어려움에 봉착하였을 때마다 직접 나서서 해결해 주는 만능 해결사 노릇을 해주셨다. 이 자리를 빌려 감사 인사를 전하고 싶다.

03 버려진 공간의 변신

약 2주간의 시간은 나를 강하게 만들었다. 사업 추진에 대해 완벽하게 숙지하지는 못했지만, 전체적인 내용을 파악한 후라 자신 있게 마을로 향하게 되었다. 2주 전 주눅 들어 자신 없어 하던 내 모습은 온데간데없이 사라졌다.

다시 마을 분들과의 만남의 자리를 가졌다. 이제껏 공부해 왔던 사업 내용과 추진 계획에 대해 마을 분들에게 자세하게 설명하고 지금까지 사업 추진이 안 된 사유와 이에 대한 해결 방안 등에 대해 제시한 후 많은 대화를 나누게 되었다. 지금 생각해 보니 이때를 기점으로 추진 위원장을 비롯한 마을 분들께서 마음의 문을 열고 나를 받아들여 주셨던 것 같다.

이후 나는 마을에 상주하다시피 했다. 아침 8시에 현장으로 출근하여 오후 5시 넘어 사무실에 들어가는 고단한 생활이 시작되었다. 물론 토요일과 일요일을 포함하여 공휴일에도 마을로 출근하였다. 사무실 일은 상황이 발생하면 그때그때 들어가서 처리하였으며 남이 다들 퇴근한 사무실에 출근하여 밀린 업무를 처리하였다. 다 늦은 저녁에 근무하다 뻐근한 목을 들어 휴식도 취할 겸 시계를 올려다보면 벌써 12시가 넘어가는 일이 비일비재하였다. 지금 그때를 뒤돌아보면 이때의 나는 지역을 위해 무언가 해야 할 일이 있다는 사명감이 힘든 상황을 이기게 했던 건 아니었는가 생각해 본다.

마을 분들과의 사업에 대한 공감대가 형성되면서 본격적인 사업 추진에 돌입하게 되었다. 이 사업의 추진 기간은 3년이고, 벌써 2년 가까이 지난 시점이라 이제부터 남은 기간은 1년이다. 이 기간 내 사업을 완료하기 위해서는 특단의 방안들이 강구되어야 하며, 사업의 우선순위를 정하여 차근차근 기한 내 사업을 마무리 지어야 했다.

그러나 사업을 정상적으로 추진하기 위해서는 해결할 문제가 하나둘이 아니었다. 그중에서도 기본계획과 실행계획에 의한 사업자를 선정하여 공사를 시작해야 했다. 그러나 이를 위해서는 운림예술촌 조성 사업의 핵심 시설인 체험과 숙박 시설이 들어설 부지를 마련하는 것이 최우선 문제였다.

이제껏 이 사업의 추진이 지지부진했던 이유는 당초에 마을에서 사업에 필요한 부지를 마련하여 기부하기로 하고 사업을 추진하였으나 이를 마을에서 해결하지 못해 사업이 난관에 부딪혀 이제껏 추진되지 못하고 있었다.

문제가 있다고 해서 넋을 놓고 있을 순 없었다. 추진 위원장, 마을 이장과 함께 다음 날부터 마을의 상세 도면을 가지고 곳곳을 샅샅이 뒤져 나갔다. 도로와 접한 부지는 땅값이 너무 비싸 엄두도 못 내어 실망만 쌓여갈 뿐이었다. 며칠을 함께 돌아다녀도 부지로 적합한 땅이 나오질 않았다.

실의에 빠진 우리는 민속 전수관에서 들리는 흥겨운 사물 소리에 저절로 발걸음을 향하게 되었다. 시름을 잠시 내려놓고 진도북놀이 공연 모습을 하염없이 바라보았다. 진도북놀이 연습을 마친 관장께서는 무슨 일로 다들 이리 심각하게 생각하시냐고 물어왔고 우리는 지금껏 해왔던 일들을 말하니 그이는 전수관 앞 공터를 조용히 가리킨다.

가리킨 곳을 바라보니 우리들 눈앞에 아무것에도 쓸모없이 방치된 넓디넓은 하천부지가 눈에 들어왔다. 이곳은 여름철 집중호우 때 물이 흘러넘쳐 농사 등 어떤 용도로도 사용되지 못하다가 몇 년 전 하천 정비를 마치고 나니 넓은 공터가 생겨 잡초와 잡목이 우거진 그야말로 버려진 땅이었다.

우리는 재빨리 해당 부지로 한달음에 달려갔다. 그곳에 도착하여 풀숲을 헤치고 나아가 보니 해당 부지에 흙을 높게 성토하고 멋들어진 한옥과 공원을 만든다면 정말 우리 사업에 적합한 멋진 명소가 탄생할 수 있을 것 같아 설렘으로 가득 찼다. 함께 한 우리들은 기쁨에 겨워 서로의 손을 부여잡고 축하하기에 바빴다. 이는 그만큼 부지 선정이 우리가 추진하고자 하는 사업에 애를 먹이고 있었기 때문이다.

사무실에 연락하여 해당 부지에 대한 소유권을 확인하였더니 국가 소유 땅이란다. 직원에게 일러 이 부지에 대한 사용 승낙 절차와 건물 건축과 공원 조성 등의 사업 추진이 가능한지를 해당 부서와 기관 등에 알아보라고 한 후 실로 오랜만에 마을 어르신들과 막걸리 한잔에 서로의 수고를 위로하는 자리를 갖게 되었다. 함께 자리한 분들 모두 이 순간만이라도 사업이 다 된 듯 희열에 찬 모습들이었다. 다행히 다음 날 절차를 확인해 본 결과 부지사용 승낙과 이곳 부지에 건축물 건립과 공원 조성이 가능하다는 답변을 받고 본격적인 사업 추진에 들어가게 되었다.

사업 부지에 대한 사용 승낙 등 행정절차는 착착 진행되었다. 하지만 이번에는 도로와 접한 입구와 주차장으로 사용해야 할 곳에 개인들이 소유한 토지를 매입해야 하는 문제가 발생했다. 많은 면적은 아니었지만, 사업에는 꼭 필요한 곳이었다. 이번에는 마을에서 적극 나서서 이 부지에 대한 토지 매수를 하기로 하였다. 다행스럽게도 토지 소유자들과 협의가 잘되어 매입에는 문제가 없었다.

다만, 지금의 운림 예원 뒤편의 토지 소유자가 생각보다 많은 금액을 요구하여 이 토지를 구입하지 못한 게 두고두고 후회하게 되었지만, 사업에 꼭 필요한 부지는 아니어서 그나마 다행스러운 일이었다.

04 현장에 답이 있다

자! 이제 가장 애를 먹였던 부지도 해결되었겠다 본격적인 사업을 추진하게 되었다. 절차에 의해 실행계획에 의한 한옥건축과 공원 조성 사업자가 선정되어 계약이 완료되는 등 이후의 사업 추진은 놀랄 만큼 착착 진행되었다.

가장 먼저 시작된 사업은 체험장과 숙소, 공원과 건너편 마을 곤충체험장과 황톳길인 벅수골을 잇는 하천을 가로지르는 다리 건설이었다. 이때까지만 해도 설계를 전혀 볼 줄 몰랐던 나는 가장 먼저 시작한 사업에 큰 기대를 하고 있었으나 도착한 자재를 보니 생각지도 못한 커다란 철골들이 도착하는 게 아닌가? 나무나 돌로 만들어진 멋진 전통 다리를 생각하고 있던 나와 마을주민들에게는 실로 충격이었다.

놀란 나는 사업을 중지하고 그제야 설계 도면을 들고 사업부서의 기술직 공무원들에게 자문하러 다니느라 동분서주했다.

주변 여건과 설계 도면을 본 기술직 공무원들의 자문과 실행계획을 수립한 설계업체에서는 돌과 나무로 된 전통 다리 건립 시 사업비가 과다 소요되고 하천 길이가 길어 안전에 문제가 발생할 소지가 있어서 이렇게 설계할 수밖에 없었다 하여 수긍하고 마을 분들을 설득하고 다리 공사를 재개하게 되었다. 다만 철골로 제작 시 보기 흉하고 주변 경관과 부조화가 발생할 수 있으니 등나무 등의 식재를 통해 보완해 나가는 게 좋겠다는 결론을 내리게 되었다.

하지만 이를 계기로 모든 실행계획에 의한 설계를 재검토하기로 하고 사업을 일시 중지시켰다. 또다시 지루한 공부를 시작하게 되었다. 공원 조성, 한옥건축 등 한 번도 접해보지 않았던 분야에 대해 공부를 하려다 보니 그야말로 머리가 깨지는 듯했다. 주변의 기술직 공무원들과 전문가들이 많은 조언을 해주었다.

설계 검토 결과 공원 조성 부분은 현장에서 변경할 수 있는 몇 가지 문제 외에는 그리 큰 문제가 없었으나 체험장과 숙소로 사용할 한옥건축의 지대와 한옥의 높이가 너무 낮아 이대로 추진 시 큰 도로변에서 안 보이고 사용에 불편할 것 같다는 의견이 도출되어 한옥 건축업체가 설계를 변경해 오도록 하고 나머지 사업에 대한 추진을 재개하였다.

05 돌 하나, 나무 하나에도 정성을 들였다

공원에 사용할 흙과 돌, 나무들이 많이 필요했다. 설계에 의한 수량은 제한적이어서 추진위원회와 의논한 결과 마을 주민분들과 향우들의 집과 들판에 있는 나무와 돌을 기증받기로 하고 이를 실행해 나갔다. 많은 분이 참여해 주셔서 바로 다음 날부터 중장비를 이용하여 집과 들판에 있던 나무와 돌을 작업해와 가져와서 공원에 사용하기 시작하였다. 평평한 모습의 잔디밭을 제법 모양을 내고 이곳에 나무와 돌을 방향에 맞게 배치하여 멋스러운 공원으로 만들어 나갔다.

공원 한쪽에는 마을의 중심시설인 운림산방의 연지와 똑같은 연못을 만들고 분수까지 설치하니 제법 잘 어울린다. 공원에 돌 놓는 곳, 나무 심는 방향 하나 현장에 상주해 있던 나와 협의하여 추진하도록 하였다. 처음에는 현장 소장이 나와 생각이 달라 제멋대로 하였다가 전부 다시 한 후부터는 꼭 나와 협의한 후에 일을 하기 시작하였다. 이때 함께 동고동락했던 현장 소장과는 지금도 연락하고 지내고 있다.

사업의 중심축 역할을 할 체험과 숙박 시설에 사용될 한옥을 건축해야 하는 어려운 과제가 우리 앞에 가로 놓였다. 앞에 잠깐 언급하였지만, 설계 재검토 과정에서 건축물의 규모가 작고 기단 부분이 낮게 설계되어 이와 같은 사항을 보완할 변경 설계를 하도록 하였으나 문제는 예산이 많이 증액되었다. 공모 사업비는 세부 사업별로 소요되는 금액들이 있어 예산을 추가로 확보하기가 난감하였다. 이와 같은 사항을 과장님과 군수님에게 보고드리니 추경에 확보해 줄 것이니 사업에 꼭 필요하면 변경 설계한 대로 추진하라는 지시를 받고 본격적인 한옥 건립에 들어갈 수 있었다.

이제는 제법 틀을 갖춰 사업이 진척되고 있다. 황량하게 방치되어 있던 하천부지에는 공원이 들어서고 한옥 건축이 기단 공사로부터 시작되었다. 현장에서는 나무 기둥과 건축에 사용될 주요 자재의 재단 작업이 숨 가쁘게 진행되었다.

광주·전남 최고의 목수 팀이 짓는 한옥건축이 순조롭게 진행되다 보니 현장에서 진두지휘하고 있던 나의 어깨도 으쓱해져 갔다. 두 달여 후 드디어 한옥의 상량식을 하게 되었다.

상량식에는 마을의 대부분 주민이 참석하셨다. 생각보다 크게 지어지고 있는 한옥의 모습에 다들 놀라는 눈치다. 상량식을 마친 후 참석한 분들을 대상으로 지금까지의 사업 추진 사항과 앞으로 추진 계획에 관해 설명해 드리고 마을의 협조를 부탁드렸다. 특히 다음 주부터 시작될 마을 협력사업인 돌담, 지붕개량, 마을 축제, 운림 예술단 운영 등에 대해 많은 참여를 부탁드렸다.

나중 사업을 완료하고 감사받은 내용에서도 언급되겠지만 남은 기간이 얼마 되지 않아 특단의 대책을 마련해야 했다. 기본계획과 실행계획을 여러 차례에 걸쳐 검토하고 토의하는 자리를 추진 위원회와 가졌다. 기한 내 사업을 마치기 위해서는 몇 가지 핵심사업 쪽에 집중하고 곁가지 사업들은 과감히 조정하기로 하였다.

추진위원회와의 결정 사항에 대해서는 다음 날 바로 결재선에 따라 윗분들에게 보고드렸고 그대로 추진하게 되었다. 무거운 짐을 덜어낸 듯 어깨가 가볍게 되었다.

06 돌담은 정겨움이다

이제는 마을과의 협력사업을 추진할 차례이다. 마을과는 여러 차례 갖은 회의와 만남을 통해 주민들께서는 사업에 대해 아주 호의적이었다. 마을을 오다가다 만나는 마을 분들께서는 무엇을 해도 도와주겠다고 하시는 분들이 많을 정도였으니 말이다.

마을 협력 사업은 우선 낡고 보기 흉한 슬레이트 지붕을 걷어내고 한옥형 지붕으로 개량하는 사업과 벽돌로 쌓아진 담을 헐어내고 돌담으로 멋들어지게 쌓는 사업을 시작하게 되었다. 마을 이장이 동의서를 받기로 하였는데 동의를 안 해 주는 마을 분들이 많다고 알려왔다. 이유를 알아보니 두 가지 사업을 추진하는 데는 공감하는데 문제는 자부담 비율이 문제였다. 자부담 비율을 낮추든지 아예 없애야 동의를 해주겠다는 것이다. 또 난감한 상황에 봉착하게 되었다. 추진 위원회를 긴급 소집하여 의논하였다. 이 자리에서 지붕개량은 사업자와 사업비를 조절하여 최대한 자부담을 낮추는 방안을 협의하고 돌담 쌓기는 사업자에게 맡기지 말고 마을 자체 사업으로 하면 자부담 비율을 줄일 수 있겠다는 결론을 내렸다.

마을에서 선정한 지붕개량 사업자와 협의한 결과 전체 사업비에서 자부담을 최대한 줄이는 것으로 합의하고 사업을 진행하게 되었다. 반대하던 마을주민들도 지붕개량에 적극 협조하기 시작했다. 낡고 보기 흉했던 슬레이트 지붕이 하나둘 사라지고 한옥 풍의 지붕이 마을을 더욱 멋들어지게 만들어 갔다.

어느 정도 지붕개량을 마치고 난 후 마을의 경관을 해치고 있던 시멘트 블록 담을 헐고 돌담으로 쌓는 작업을 시작했다. 당초 전문 사업자에게 맡기로 했던 돌담 작업이 마을 자체 사업으로 변하면서 참여할 수 있는 마을 분들을 파악하고 최대한 많은 분이 참여하게 하여 돌담 작업이 시작되었다.

우선 마을 주변에 흩어져 있는 돌을 모으는 작업이 시작되었다. 다행스럽게도 마을 주변, 즉 하천, 들판에 지천으로 돌이 깔려있어 돌을 사는 사업비는 안 들어 가게 되어 다행스러웠다. 어느 정도 돌이 모이자, 마을 분 중에서 돌을 쌓아봤던 경력자분 중심으로 3개 팀의 작업반이 만들어져 마을 여러 곳에서 동시다발적으로 돌담을 쌓아가기 시작했다. 얼마 지나지 않아 정겨운 돌담의 모습이 마을을 아름답게 수놓기 시작했다.

운림 예술촌 돌담

이제는 마을을 찾는 사람들을 대상으로 한 체험 거리를 마련해야 한다. 다행스럽게도 몇 년 전부터 농업기술센터 주관으로 체험 마을로 지정되어 농사 체험과 곤충 체험 등 몇 가지 체험을 준비하고 있었다.

다음은 마을 축제나 홍보에 필요한 운림 예술단을 구성하여 운영해야 했다. 하지만 마을에 젊은 사람들이 없다. 마을 전수관장과 의논한 끝에 주축은 마을 분들로 하고 일부 부족한 분야는 뜻을 같이하는 옆 마을 몇 명을 참여시켜 함께 하기로 하고 프로그램을 구성하기로 하였다.

예술단을 구성하고 1시간여의 프로그램을 위해서 전수관에서 밤을 잊고 연습하게 된다. 얼마 지나지 않아 프로그램이 완성되었다는 연락을 받고 주말을 이용한 운림예술촌 정기 공연과 체험객들이 원할 시 공연을 하게 되었다. 처음에는 어색하고 실수가 잦았으나 시간이 지나면서 차츰 안정되고 실력이 늘어나는 것을 보게 되었다.

어느 정도 수준에 오르자 운림예술촌을 알리는 첨병으로 예술단의 활약이 시작되었다. 제일 처음은 머나먼 춘천에 있는 남이섬에서의 홍보 공연이었다. 연둣빛 옷을 입은 남이섬에서 운림예술단 공연은 그야말로 대성황이었다. 처음으로 많은 관객들 앞이라 떨리고 어려웠을 것인데, 자신 있게 공연한 예술단원들이 너무 아름답게 보였다.

07 이 사업은 성공하기 힘듭니다

예술단은 남이섬 등 각종 홍보 공연과 특산품 판매 등으로 바쁜 나날을 보내고 운림공원과 한옥 건축은 차질 없이 진행되었다.

이처럼 바쁜 와중에도 미국과 캐나다의 저탄소 녹색마을을 둘러보는 외국 견학을 다녀오는 행운도 얻게 되었다. 이제 준공이 목전이다. 처음의 우려를 말끔히 해소하고 전체 사업 준공을 11월 말에 하기로 하고 준비에 들어갔다.

한옥 이름은 "운림 예원"으로 명칭을 정하고 마을 출신 서예가에게 글씨를 받아 명판 나무에 새겼다. 마을 분들도 준공 며칠 전부터 음식 준비 등 행사 준비에 여념이 없다. 드디어 준공식 날이다. 운림 예술단의 흥겨운 길놀이를 시작으로 준공식이 운림 예원 앞마당에서 개최되었다. 사회를 보면서 울컥하는 감정을 다스려야만 했다. 실로 감개무량하였기 때문이다.

운림 예술촌 준공

처음에 들었던 “이 사업은 성공하기 힘듭니다.”라는 말이 뇌리를 스쳐 지나갔다. 중간에 닥친 어려움도 주변 분들의 도움으로 슬기롭게 헤쳐나가 오늘의 준공을 맞이하게 된 것이다.

운림예술촌 조성 사업을 마무리하니 언론의 여러 곳에서 찾는다.

나도 이때 처음으로 방송사와 인터뷰도 해보았다. 지역 방송사의 뉴스, 신문사의 보도는 물론이고 6시 내 고향 등 교양 프로그램에서도 방송 촬영을 하여 전국에 방영하였다. 전라북도 부안군 대명리조트에서 개최된 살기 좋은 지역 만들기 최종 보고

회에서는 전국의 30개 자치단체를 대표하여 우수사례를 발표하는 영광도 안게 되었다.

하지만 아찔한 경험도 하게 됐다. 준공 다음 해 전라남도 종합감사에서 문화재 지표조사를 하지 않고 사업이 추진되었다고 지적되었다. 감사관에게 그간의 추진 상황을 말씀드리고 설득하였다. 지금이야 적극 행정을 장려하고 있지만 이때만 해도 적극 행정이란 개념 자체가 없었던 시기였다.

감사관은 처음에는 완강히 징계해야 한다고 주장하더니 윗선에 보고해 본다고 한다. 며칠 후 돌아온 대답은 실로 믿기 어려운 반전이었다. 감사반 회의에서 이러한 사례는 적극 행정으로 표창을 주어야 한다고 결정되었다는 것이 아닌가. 아주 다행스러운 일이 아닐 수 없었다.

운림예술촌은 진도를 대표하는 문화 체험 공간으로 거듭나 많은 분이 찾아 주었다. 그러나 세월이 흘러 단체 체험객들이 줄어들더니 점차 가족 체험객까지 줄어들었다. 그나마 한옥을 펜션 행태로 건축하여 한옥을 좋아하는 분들로부터 꾸준히 사랑받다 이마저도 노후화가 진행되면서 찾는 분들이 끊겼다.

몇 년간 운영을 못 하는 우여곡절을 겪은 끝에 몇 년 전부터 '구름숲아토리(gooroomsoop.kr)'라는 카페형 복합문화공간으로 재탄생했다. 커피와 문화 체험 등 다양한 스토리가 있는 공간으로 탈바꿈한 것이다. 구름 숲 아토리의 빗기내 민속 전수관에서 진도 북춤 예능 보유자 이희춘 선생과 진도아리랑, 남도민요 및 진도북놀이 배우기 등 국악 체험을 할 수 있다. 구름 숲 공방에서는 맛깔스러운 진도의 옛이야기와 함께 솟대 만들기와 신호연 만들기 등 민속문화 체험도 즐길 수 있다.

08 내가 가야 할 길

공직 생활 마무리를 앞두고 있다.

지역에서 내가 할 수 있는 역할을 찾아내고 이를 바탕으로 또 다른 업을 준비하여 퇴직 후에 직업을 가지면 어떨까 하는 생각을 꾸준히 해왔다.

주변의 공직 선배들에 의하면 퇴직한 후에 여행이나 등산, 농업 활동 등에 주로 시간을 보내고 있다고 한다. 이는 직장 생활을 할 때 정년 이후에 대한 구체적인 설계가 없었고 자신이 지금껏 쌓아온 지식과 경험을 바탕으로 가치 있는 새로운 일을 해보겠다는 계획을 세우지 못했기 때문이라고 하셨다.

오랜 직장 생활로 연금 등 노후에 대한 준비는 되어 있어 경제적 수익을 올릴 수 있는 일이 아닐지라도 공직 생활을 할 때 익힌 자신의 전문 지식과 경험을 바탕으로 사회와 이웃에 공헌할 수 있는 공익적인 일거리를 마련하여 생활한다면 삶 속에서 성취감을 느끼고 삶의 활기도 되찾을 수 있을 것이니, 직장 생활을 하면서 은퇴 후 그러한 일들을 하기 위한 치밀한 계획과 준비가 필요하다고 누누이 강조하여 이야기들을 해주셨다.

나 또한 지난 세월을 뒤돌아보면 33년의 공직 생활 중 절반이 넘는 기간 동안 관광과 지역경제 활성화 분야에서 근무를 해왔다. 이곳에서 알게 되었던 지식과 경험을 활용하여 지역사회에 공헌할 수 있고 후배들에게도 모범이 될 수 있는 일을 찾아야 한다고 생각해 왔다.

하동의 "놀루와", 공주의 "㈜퍼즐랩", 목포 "괜찮아 마을", 곡성군의 "그리곡성" 등 많은 곳이 지역을 기반으로 한 프로그램을 운영하고 있다. 이곳들은 지역을 홀대하던 관광 형태를 바꾸는 한편 새로운 수익 모델도 만들어 가고 있다.

진도를 비롯한 남도에도 이들과 같이 관광 저변을 넓히고 지역 여기저기에 흩어져 있는 다양한 볼거리와 먹거리, 주민들의 고유한 문화를 엮어내야 한다. 남도가 가지고 있는 특색있는 로컬여행 상품을 만들어 판매하는 주민주도형 지역 여행사가 필요한 이유이다.

이를 위해 뜻을 함께하는 분들과 함께 공감 창출을 위한 치열한 논의를 거쳐 선진지 견학은 물론 전문가들의 컨설팅 등을 통해 계획을 수립해 나갈 것이다. 아울러 전문적인 기획과 운영을 위해서 여행사 운영 방안, 체험 프로그램 개발과 시행, 홍보 등 다양한 분야별 전문가를 육성해 지역 관광 플랫폼의 역할을 하기 위한 노력도 해야 한다.

로컬 여행에 필수 요소인 숙소와 식당, 관련 체험장, 해설사 양성 등 거점을 선정해 나가는 중점 사업을 발굴하는 것도 선결 과제다. 그다음은 운영 시스템을 구축하여 활성화해 나가고 브랜드를 창출하여 굿즈 상품을 개발하고 홍보와 판매를 해 나갈 것이다. 더불어 지역 여행 시 꼭 필요한 이야기꾼(해설사)의 발굴과 교육 등을 통해 고용 창출을 이루어 내고 참여 주민들의 수익 증대 등을 점차 확대해 나가는 방안을 강구해야 한다.

사업을 추진해 가면서 이 사업이 서남권의 관광 핵심사업으로 정착되어 지역민 누구나 함께 사업에 참여할 수 있도록 플랫폼화하여야 사업의 지속성을 담보해 낼 수 있을 것이다. 아울러 이 사업의 목표는 서남권의 아름다운 자연과 역사 그리고 문화 자원을 엮어 내어 지역 주민의 삶을 존중하고 함께 녹아드는 에코투어리즘을 표방함에 있다.

서남권이 가진 관광지로서의 가치를 더욱 돋보이게 하고 주민의 삶이 존중받는 콘텐츠 개발과 농어촌 소득의 증대로 이어질 수 있도록 관광코스를 개발해 나가야 함은 물론이다. 또한 서남권이 가진 다양한 관광자원들이 서로 연대해 갈 수 있도록 체계를 구성하여야 한다. 각 구성원 간 협치를 통해 지속 가능성과 운영의 효율성을 높이는 방향으로 프로그램들을 기획하고 여행의 핵심 키워드를 선정하여 누구나 쉽게 접할 수 있는 친근한 관광 프로그램들을 구성하여 운영해 나갈 계획이다.

남녘별 주민 여행사 로고

5장 | 힘들어도 축제 속에 희망이 있다

삶이란,
우리의 인생 앞에
어떤 일이 생기느냐에 따라
결정되는 것이 아니라,
우리가 어떤 태도를 취하느냐에 따라 결정된다.
—존 호머 밀스

01 와따, 먼일로 휴일인디 이라고 와 부렀다요

전남 도청 앞에 있는 디자인 전문 회사 사무실 문을 열고 들어서자 반갑게 맞아주는 대표님이 건넨 말이다. 얼굴을 알고 지낸 지는 20여 년이 되었지만, 일로 이렇게 만나게 되리라고는 생각지도 못했다. 대표님이 젊었을 때부터 우리 군 관광과를 드나들면서 알게 된 사이였지만 업무적으로는 함께 해본 적이 없었다.

아니나 다를까 두 명이 앉아 있으니 영 서먹서먹하니 시간만 흘러간다. 대표께서는 분위기를 바꾸어 보고자 사무실에 있는 각종 상패를 꺼내 놓으며 자랑을 해댄다. 또한 그간 추진해 왔던 타 시군의 성공한 사례들을 자랑스럽게 이야기한다. 이때다 싶어 내가 짊어진 숙제를 불쑥 꺼내 놓았다. 어려운 진도군의 지역 경제 활성화를 위해 함께 해나가자고…….

2018년 9월, 지역 경제를 책임지는 팀장으로 돌아왔다. 2014년 세월호 사고 여파로 진도 지역 경제가 암울했던 시기였다. 언론에서 연일 진도 지역 경제 침체에 대해 대서특필하던 시기였다. 특히 관광객을 대상으로 영업을 해왔던 횟집, 음식점, 노래방 등이 직격탄을 맞고 어렵고 힘들게 버티던 기간이었다. 나는 이러한 아픔을 뒤로하고 6개월간의 장기 교육을 다녀오기 위해 지역경제팀을 떠났다. 어쩌면 무책임한 행동이었을지 모르지만, 그때는 어쩔 수가 없었다. 나 스스로 그렇게 위안을 삼을 수밖에 없었다.

장기 교육을 마치고 체육 계장을 거친 후 3년 만에 다시 지역경제팀장을 맡게 되었다. 운명은 거스를 수 없었던 모양이다. 지금껏 준비한 것을 보여주어야 할 때가 돌아온 것으로 생각됐다. 이제 얼마 남지 않은 공직 생활을 앞두고 있다. 이번에 기회를 만들지 못하면 공직의 꽃이라는 사무관 승진을 못 하고 퇴직해야 한다. 공무원으로 처음 생활하면서 목표로 삼았던 고향의 면장도 못 하고 퇴직해야 한다니 눈앞이 캄캄해졌다. 특단의 조치가 필요한 시점이 된 것이다. 절박함이 기회를 만들어 낸다고 했던가?

내 주변을 돌아보았다. 나에게는 오랜 생활 나를 돌봐주고 의기투합해 왔던 전문가들이 있었다. 이들에게 도움을 요청해 보자! 밑져야 본전 아닌가. 바로 실행에 들어갔다. 내 연락처에 있는 전문가들을 분야별로 정리해 보니 관광, 축제, 예술, 경제 등 다양하게 포진되어 있었다. 우선, 이들에게 연락하여 이번에 자리 옮긴 것부터 알렸다. 그리고 내 절박함을 이야기하고 도움을 요청하였다. 그네들 모두 힘닿는 데까지 도와주겠노라고 하였다.

당장 급한 것이 지역 경제 활성화 전문가를 찾는 일이었다. 마침 관광과에서 근무할 때부터 알고 지내던 디자인 전문 회사 대표가 생각났다. 다른 시군의 공모사업 등에 두각을 나타내고 있다는 언론 보도를 접하고 있던 터라 전화하여 다짜고짜 만나자고 하였다. 급한 마음에 바로 다음 날 만나자고 하였으나 일정이 있어 어렵다고 하였다. 만남을 시큰둥하게 생각하는 듯해서 포기하지 않고 언제 만날 수 있겠냐 하고 다그쳤다. 평일은 어렵고 휴일에 만나기로 약속이 잡혔다.

며칠 후 토요일에 목포에 있는 사무실을 방문하였다. 지금까지의 상황을 설명했다. 그리고 무작정 도와달라 하였다. 참 무모했던 것 같다. 이 자리에서 지금까지의 다른 시·군지역 경제 활성화 노력과 이를 뒷받침하고 있는 공모사업에 대한 이야기를 전해 들을 수 있었다.

그러면 우리는 어떻게 해야 하나? 방안 마련이 최선이다. 우선 급한 진도읍 구도심 활성화 프로젝트를 시작해 보자고 했다. 진도읍에 진도만의 냄새가 나는 명소를 만들어 보고자 한 것이다. 휴일 갑자기 만들어진 이 자리가 진도읍 원도심 활성화의 첫걸음이 되리라고는 생각지도 못했다.

02 찾아보니 곁에 있네

진도읍 원도심 활성화는 구호만 요란했지 오랜 숙제처럼 진도읍을 얹누르고 있었다.

진도의 옛 영화를 간직하고 있는 구도심이 도로 개설과 상권의 외곽지 이전으로 쇠퇴가 거듭되어 빈 점포가 날로 늘어나고 있었다. 돌파구가 필요했다. 목표가 정해지자 일은 수월하게 시작되었다.

며칠 후 직원들과 함께 군청을 찾아왔다. 그길로 현장을 샅샅이 뒤지기 시작했다. 특히 원도심을 중심으로…….

그러나 이를 어쩌나, 사람들을 유인할 수 있는 관광자원들이 원도심이 아닌 외곽 지역에 포진하고 있는 게 아닌가? 향토문화회관, 진도개테마파크, 진도 향교, 진도 읍성 등……. 다시 현장을 나갔다. 때마침 초등학교 수업을 파하고 집으로 돌아가는 시간이었다. 어느 상가 앞에 학생들이 옹기종기 모여 있는 게 우리 눈에 들어왔다. 자연스레 발길이 그곳으로 향했다. 그곳은 진도개 강아지를 밖에 내놓고 팔고 있던 상가였다. 어린 학생들이 귀여운 강아지에 매료되어 시간 가는 줄 모르고 있었다. 우리 군을 대표하는 귀한 자원을 몰라보고 있었다. 그 집을 더 친근감 있고 접근성을 개선해서 찾아오게 하면 되겠다고 마음을 먹게 되었다.

하나로는 부족하다 싶어 주변을 살펴보니 진도개 판매장과 멀지 않은 곳에 진도 홍주를 직접 내리셨던 "허화자 홍주 명인"의 집이 있는 게 아닌가? 이거다 싶어 쾌재를 부르며 오랜만에 허화자 명인 생가를 방문하였다. 하지만 이곳은 허화자 명인이 돌아가신 후 방치되어 곧 쓰러질 같은 폐가 직전이다.

문을 열고 들어가 자세히 살펴보니 고치는 데 예산은 많이 소요되겠으나 수리하게 되면 홍주 체험장과 교육의 장으로 사용되어 많은 사람들을 불러들일 수 있을 것 같았다. 퍽 다행이라 생각되었다. 이제는 진도읍 원도심에 사람을 불러 모을 수 있는 자원을 찾았으니 이를 활용할 방법을 찾아내면 되었다.

사무실로 돌아와 진도읍 원도심 지역에 대한 SWOT(경영전략을 수립하기 위한 분석 방법) 분석을 해보았다. 강점으로는 홍주, 진도개 등 고유문화 자산이 풍부하고 상권 활성화를 위한 국비 확보 및 다양한 사업을 추진할 수 있었으며, 공무원과 주민들이 신비의 바닷길 축제 등 각종 행사 경험이 풍부하여 관광객 접객이 용이하나 원도심이 과밀화되고 노후화되어 빈 점포들이 많고, 진도만의 대표 먹거리와 특화상품이 없으며 상인들의 의지 및 역량이 부족하였다.

그러나 몇 개월 후에 대명리조트 개장을 앞두고 있어 많은 방문객이 증가할 것으로 예상되고 도시재생사업 등 연계사업을 추진할 수 있는 여건과 정부 차원에서 골목 경제 활성화에 적극적인 지원을 하고 있음은 기회임이 분석 결과 도출되었다. 이제 이에 알맞은 계획 수립과 실행이 이루어져야 한다. 우선, 작은 일부터 계획을 세워 차근차근 추진하기로 하였다.

현장에 자원을 확인하고 SWOT 분석 등을 통해 할 수 있다는 자신감을 얻고 단기, 중기, 장기 계획을 수립해 나갔다. 단기 계획으로는 진도읍 원도심의 가장 문제로 떠오른 빈 점포를 해결하는 것이었다.

여러 방법을 찾았으나 가장 적절한 방안으로 청년 일자리 창출과 창업 공간 조성을 통해 챌린지 숍을 운영하는 게 가장 적절한 방안이라 생각되어 7곳의 청년 점포 챌린지 숍을 운영하기로 하고 사업을 추진하였다.

이곳의 환경 조성을 위해 야간 경관 조명등을 설치하고 조형물 및 간판 그림자 가로등을 설치하기로 하였으며 주말에는 버스킹 공연을 하고 체험 프로그램을 운영하기로 하였다.

방향이 정해졌으니, 계획을 수립하고 예산 확보가 다음이다. 진도읍 원도심 활성화 계획에 대한 여러 차례의 자체 회의를 거쳤다. 전문가의 의견은 물론이다. 중·장기 계획으로는 공모사업에 도전하기로 했다. 중앙부처인 행정안전부와 중소벤처기업부에서 골목 경제 활성화와 상권 활성화 공모 사업이 있는데 둘 다 도전하기로 한 것이다.

03 협업은 우리를 춤추게 한다

차근차근 일이 진행되면서 골목 경제 활성화 사업 우수 사례 조사를 전문가, 주민들과 함께 다녀오기로 하였다. 활성화 골목으로는 광주 양림동 역사 문화마을과 익산 문화 예술의 거리, 대구의 근대문화골목, 김광석 다시 그리기 길이었다. 더불어 시장도 둘러보았는데 광주 1913 송정역 시장, 대구 서문시장이었다.

방문한 장소마다 자원 조사와 활용 방안 등을 살펴보고 이에 대한 열띤 토론도 하였다. 과연 우리 지역에 맞는 골목 경제 활성화 방안은 무엇이며, 이를 시행할 주체는 누구인지, 어떠한 사업이 우선 추진되어야 할 것인지 등…….

많은 숙제를 남기고 우수 사례 조사는 끝이 났다. 하지만 큰 것을 얻었다. 그것은 우리도 할 수 있다는 자신감이었다. 이 자신감이 큰 변화를 이끌었고, 지금의 진도읍 원도심을 만드는 원동력이 되었다.

진도읍 원도심 활성화를 위해서는 행정만 나서면 안 되고 주민과 전문가의 협업이 중요하다고 생각되었다. 행정과 주민, 전문가의 협업을 통해서 각기 다른 관점을 반영할 필요가 있었기 때문이다. 행정에서는 정책적 지원과 함께 예산을 지원하고 주민들은 현지 상황에 맞는 무엇이 가장 필요한지 절실히 느끼고 있기 때문이다. 이에 더해 전문가의 기술적 지식과 경험을 통한 전략적 조언이 필요하다.

이러한 다양한 시각과 경험이 종합될 때, 보다 균형 잡히고 효과적인 정책과 사업이 현장에 접목될 수 있다. 또한 협업을 통해서 추진한 사업들의 실효성을 크게 증대시켜 나갈 수 있다. 적극적인 주민 참여가 이루어질 때 실제로 필요한 사업들이 만들어지며, 전문가의 조언이 효과를 극대화할 수 있는 것이다. 이는 추진한 사업의 실효성을 높임은 물론이고, 예산 낭비를 줄이는 데도 큰 도움이 된다.

다음으로는 협업을 통해 신뢰 형성과 협력이 강화된다. 주민들이 사업 결정 과정에 참여하면 행정에 대한 신뢰가 높아지고 사업 실행 시 협조도 원활해진다. 또한 협업은 사업을 추진하는 데 지속 가능성을 확보해 준다는 것도 알 수 있다. 현장의 다양한 이해관계자의 협업을 통해 단기적이기보다는 멀리 내다보는 지속 가능한 발전을 목표로 삼을 수 있게 해준다. 이를 통해 지역 경제의 안정적 성장을 도모하는 데 매우 중요하다.

마지막으로, 협업을 통해 문제 해결 능력이 향상된다. 복잡하게 얽혀있는 현장의 문제를 해결하기 위해서는 다각적인 접근이 필요하다. 어느 한쪽에 치우치지 않는 협력이 가능할 때 문제의 원인이 정확히 파악되고, 효과적인 해결책이 제시된다. 지역 경제를 활성화하는 데 행정과 주민, 전문가와의 협업은 필수적이다. 소통과 협력을 통해 보다 더 나은 효과적이고 지속 가능한 발전 방법을 찾을 수가 있기 때문이다.

04 흥해라 진도

지방 자치단체들은 그 지역에 대한 매력과 정체성을 표현하기 위해 '슬로건'을 만들어 사용한다. 주민들과 지역을 찾은 방문객들에게 긍정적인 이미지를 심어주기 위해서도 만든다.

슬로건은 그 지역의 문화, 역사, 자연경관과 발전 방향 등을 반영하며, 지역의 브랜드 가치를 높이는 중요한 역할도 하고 있다.

광역자치단체인 서울특별시의 'I·SEOUL·U', 부산광역시의 'Dynamic Busan', 대구광역시의 'Colorful Daegu', 기초자치단체인 서울특별시 도봉구의 '더 큰 도봉', 경기도 연천군의 'yes!, 연천', 부산 사상구의 '新나는 사상'과 동래구의 '얼쑤! 동래God', 경남 거창군의 '거창한 거창', 경북 영덕군의 '사랑海요 영덕' 등이 있다.

또한 유명 기업의 슬로건으로는 나이키의 'Just Do It', 애플의 'Think Different', 코카콜라의 'Taste the Feeling' 등이 있다.

슬로건을 만드는 이유로는 지역에 대한 인지도를 강화하여 브랜드를 기억하게 만든다. 또한 반복적이고 단순한 문자를 통해 소비자들에게 브랜드를 각인시킬 수 있다.

슬로건은 브랜드나 제품의 핵심 가치를 간결하게 전달함으로써 소비자들이 브랜드의 핵심 메시지를 쉽게 이해할 수 있게 해주며 인상적이고 독창적인 슬로건은 차별화를 통해 소비자들이 브랜드를 선택할 때 중요한 요인으로 작용할 수 있다. 공감할 수 있는 슬로건은 소비자가 자발적으로 공유하고 기억하게 만들어 자연스럽게 광고 효과를 증대시켜 주는 역할도 한다. 슬로건은 일관된 메시지를 전달하여 브랜드의 통일성을 유지하고, 신뢰를 쌓는 데도 기여한다.

슬로건을 잘 만들기 위해서는 기억하기 쉽고 간결하여야 하며 브랜드의 핵심 가치나 특징을 잘 반영하여 브랜드가 무엇을 지향하는지 명확하게 전달해야 한다. 슬로건은 독창적이고 경쟁 자치단체나 업체들과 차별화될 수 있는 독특한 표현을 사용하여야 한다.

브랜드 충성도를 위해서는 감성적인 요소를 담아 소비하는 사람들과 감정적 유대를 강화할 수 있는 슬로건을 만들어야 한다. 또한 긍정적이고 희망적인 메시지를 담아 소비자들에게 긍정적인 이미지를 심어줘야 한다. 슬로건은 사람들이 자주 사용하고 기억할 수 있는 반복 가능한 문구가 좋다. 이는 브랜드 인지도를 높이는 데 많은 도움이 된다.

진도읍 중심 상권 활성화 사업 슬로건을 만들기로 했다. 관광객과 군민들에게 기억될 수 있는 참신하고 상징성 있는 명칭을 발굴하고자 명칭 공모에 들어갔다. 공모에 많은 안들이 접수되었다.

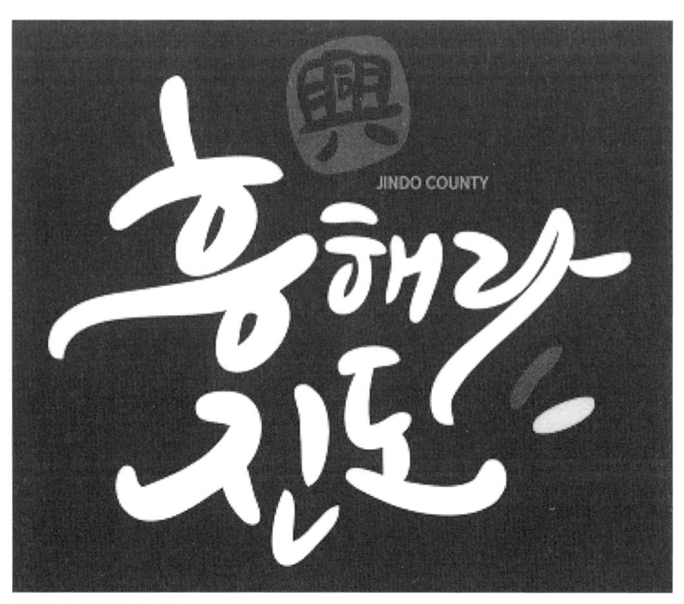

"흥해라 진도" 슬로건

'진도 만남의 거리', '보배섬 보물찾기', '진도 로데5거리', '아리 솔거리', '진도愛 통!통!통!거리', '진도아리랑 명품 거리', '이순신 거리' 등이었다. 이중 우리 사업과 가장 부합한 '진도 아리랑 오거리'를 도로 명칭으로 삼고 '흥해라 진도'를 슬로건으로 정해 사업을 추진하기로 하였다.

05 공간을 채워가는 노력들

진도읍 원도심인 '진도 아리랑 오거리'에 오감을 만족시킬 수 있는 프로젝트를 시작했다. 즉 볼거리, 먹거리, 즐길 거리, 쉴 거리, 느낄 거리를 만들어 가는 것이었다. 볼거리로는 주말에 버스킹 공연을 하기로 하였다. 또한 밤만 되면 빈 상가들로 인해 어두워 통행을 꺼렸던 구 우체국 구간 도로에 하늘엔 감성 조명을, 땅엔 경관 조명등을 설치하고 장소에 맞는 조형물을 설치하기로 하였다.

부족한 먹거리를 채우기 위해 청년 점포 챌린지 숍을 활용하여 진도만의 특색 있는 음식을 개발하여 판매하기로 하여 전국의 유명 셰프를 수소문하여 음식 컨설팅을 시작하였다.

즐길 거리는 진도개 체험장을 만들고, 허화자 진도 홍주 명인의 집을 수리하여 이곳에 홍주를 전시하고 시음을 할 수 있게 하고, 적정 장소에 플리마켓을 개장할 계획으로 준비를 해 나갔다.

쉴 거리로는 폐 공가를 활용한 복합 커뮤니티 공간을 조성하고 개방형 공유 정원과 노천 카페, 쉼터를 설치하여 관광객들이 쉬어 갈 수 있는 공간을 만들어 가기로 하였다. 마지막 느낄 거리는 1인 갤러리 등을 통한 예술 작품을 전시하고 홍주, 진도개 관련 상품 판매와 아리단길에 ART 아케이드를 설치하기로 하였다.

이제는 실행할 차례다.

아무리 좋은 계획도 실행에 옮기지 않으면 아무 소용 없다. 앞에서 서술했듯이 단기 계획은 군비를 확보하여 바로 실행하고 중·장기 계획은 중앙부처 공모사업에 응모하여 추진하기로 하였다.

가장 먼저 시작한 일은 밤만 되면 불 꺼진 거리가 되어 군민들도 통행을 꺼렸던 아리단길의 빈 점포들을 채우는 청년 점포 챌리지 숍 운영이었다. 빈 점포가 20여 곳에 이르렀으나 우선 7개소를 대상으로 공모 절차를 거쳐 대상자를 선정하고 친절 교육, 음식 컨설팅, 선진지 견학을 다녀왔다. 독특하고 통일된 외관과 간판을 설치하고 실내 공사를 거친 후 개장을 하게 되었다.

06 못 해먹겠습니다

밤 12시 넘어 전화벨 소리가 요란스럽게 울린다.

옆에 함께 자는 가족이 깰까 봐 재빨리 전화기를 들고 밖으로 나선다. 전화기 너머 들려오는 목소리는 감정을 주체하지 못하고 시종일관 흐느낀다. 불현듯 얼마 전 창업한 청년의 넋두리가 생각났다.

차근차근 이야기하라고 달래가며 이야기를 들어보니 아니나 다를까 임대인과의 마찰이 심해진 것 같다. 늦은 시간까지 영업하는 업장에 와서 영업을 빨리 마치라고 채근하고 간 모양이다. 참으로 난감한 상황이다.

새로운 시책 사업으로 시작한 청년점포 챌린지 숍 7개 가운데 가장 영업력이 높은 매장이 임대인과의 갈등이 깊어지는 게 안타까울 따름이다. 임대인 이야기를 들어봐도 주거지가 업장 위에 있는 2층에 있어 늦은 시간까지 영업하면 잠을 못 자는 불편을 감수해야 하니 이 또한 어찌할 방법이 없다.

전에도 여러 번 대화를 통해 해결해 보려 했으나 그때뿐이고 서로가 감정이 격해지면 나오는 불편들이니 난감할 뿐이다. 해결책을 찾아야 할 것인데 서로가 양보하지 않고 대치할 뿐이었다. 다행히 얼마 후에 청년점포 영업자가 시간을 단축하여 영업하기로 하고 일단락되었으나 이러한 갈등이 해결되지 않고 결국 2년도 지나지 않아 폐업하는 결과를 가져왔다.

진도읍 원도심 활성화를 위해 여러 가지 사업을 시도하였다.

그중에 진도읍을 대표하는 중심 상권이었으나 상권의 외곽지 이전과 주차시설 등의 불편으로 빈 점포가 많아져 저녁에는 을씨년스럽기까지 한 구 우체국 앞거리를 살리기 위해 적극 나섰다.

이 거리를 '아리단길'로 지정하고 활성화하는 사업을 추진하였는바 주말에는 버스킹 공연을 하고 골목에 사람을 불러들이고 청년 일자리 창출을 위한 '청년점포 챌린지 숍'을 운영하였다.

'청년점포 챌린지 숍' 운영은 진도읍 남문로 아리단길 상가 내 빈 점포 7개소에 임차료와 인테리어 비용을 지원하는 사업으로 창업에 필요한 창업절차 등의 기본 교육, 청년상인들의 안정적인 정착을 위한 컨설팅, 공동 마케팅 홍보 지원 등을 통해 청년 일자리 창출은 물론, '쏠비치 호텔&리조트 진도'를 찾는 방문객과 관광객들이 우리 군 방문 시 특색 있는 음식과 체험 거리 등을 접목하여 골목 경제를 활성화하기 위해 마련한 사업이었다.

'청년점포 챌린지 숍'을 운영하기 위해 대상자 선정을 위한 공모를 실시하여 서류 합격자에 대한 교육 및 컨설팅을 실시하고 최종 대상자 7명을 선발하였다. 2개월여 간의 내·외부 인테리어 공사와 컨설팅을 마치고 개장하게 된 것이다.

07 흥을 깨워라

오늘은 버스킹 공연이 있는 날이다.

장마가 끝나고 찜통더위에 얼마나 많은 관객들이 찾아줄지 걱정이 한가득하다. 지난 공연들에 찾아온 만큼 와 주었으면 하는 마음 안고 행사장인 진도 새마을 금고에 도착한다. 주차장에 밤새 세워둔 차량이 몇 대 있어 연락처를 확인해 이동해주실 것을 부탁드린다. 다들 선선히 차량을 이동 주차해 주신다. 잠시 후 음향팀이 도착하여 음향을 설치하기 시작하고 무대, 의자, 탁자도 설치한다. 더운 날씨에 이곳저곳 수소문하여 대형 선풍기도 구해와 설치하였다.

공연 시작은 7시이다. 5시 넘어 리허설을 시작하자 음악 소리에 사람들이 모여들기 시작한다. 공연 시작 전에 프리 푸드존은 이미 만석이다. 탁자 위에는 통닭, 보쌈, 모둠전 등……. 주변 상가에서 주문한 음식들로 가득하다.

드디어 공연 시작이다. 해남에서 온 통기타 가수의 흥겨운 음악에 분위기는 오르기 시작한다.

두 번째는 마술 공연이다. 처음 접한 새로운 마술이 어린이들과 어른들의 동심을 자극한다. 공연 중에 둘러보니 시작 때보다 많은 관객이 함께하고 있다. 준비한 의자가 부족하여 서서 보는 이들이 태반이다.

다음은 진도의 자랑 진도북놀이다. 북을 어깨에 맨 채 양손에 채를 쥐고 추는 국내 유일 양북춤의 흥겨움으로 공연장의 분위기를 확 끌어 올려놓는다.

진도 아리랑 오거리 버스킹

이제 마지막 초대 가수 차례다. 구성진 목소리에 흥겨운 장단에 맞춰 무대를 휘젓는다. 흥을 주체 못 한 관객들이 모두 일어나 함께 공연을 만들어 간다. 여러 번의 앙코르곡을 끝으로 오늘의 버스킹 공연은 끝이 났다.

진도읍 원도심 활성화 사업의 목적이 관광객 유입을 통한 상권 활성화이다 보니 이에 대한 대책을 마련해야 했다. 곧 개장하는 쏠비치 호텔&리조트 진도의 개장을 대비하는 계획을 수립해야 했다. 숙박객과 관광객이 연 100만 명 정도 진도를 찾을 것으로 기대되었다. 이들 중 10분의 1인 10만 명만 진도읍 원도심을 찾아와 소비해 준다면 지역 경제 활성화는 떼놓은 당상이라고 생각되었다.

분야별로 손님맞이 대책을 수립하느라 수선을 떨었다. 우리가 맡은 진도읍 원도심에 관광객을 유입시키는 방안도 여러 계통에서 제시하였다. 만원 택시, 야간 버스 운행, 버스킹, 프리마켓 개최 등 다양한 이벤트가 주를 이루었다. 손님 맞을 채비를 하나둘 해 나갔다.

원도심 핵심 거리를 아리단길이라 명명하였다. 이곳을 찾아오시는 분들에게 고유한 분위기와 경험을 제공하기 위해 빈 상점에 특색있는 음식과 볼거리를 채워 나갔다. 밤이 되면 어두워 지나다니기를 꺼렸던 거리에 감성 조명등을 설치하자 환해진 거리에 사람들이 늘어나기 시작했다. 행정안전부 공모사업인 '지역 골목 경제 융복합 상권 개발 사업'을 통해 콘텐츠를 채워 나가기 시작한 것이다.

자! 이제 본격적인 볼거리를 제공하여 사람들을 이곳으로 유인해야 한다. 버스킹 공연을 하기로 하였다. 정기 버스킹 공연은 처음이라 시범 공연부터 시작하여 어느 시점에 주 1회 공연으로 변경하기로 하고 준비해 나갔다.

첫 버스킹은 진도 신비의 바닷길 축제가 열리는 3월 말에 개최했다. 장소는 진도읍 원도심 중심지인 새마을금고 주차장을 활용하기로 하였다. 새마을금고 측과 협의도 순조롭게 진행되었다. 그러나 급하게 행사를 기획하다 보니 공연진을 꾸리기가 쉽지 않았다. 그런다고 첫 출발을 진도에서 활동하는 분들로 꾸리기에는 너무 아쉬웠다. 마침 우리 군에서 가장 큰 축제인 진도 신비의 바닷길 축제가 얼마 있지 않아 개최되었다.

공연자들의 면면을 보니 내가 아는 지인들이 많다. 이들 중 버스킹에 알맞은 공연자들에게 연락을 취했다. 흔쾌히 동참해 준다는 반가운 소식을 전해왔다. 이렇게 하여 첫 버스킹의 출연진들은 신비의 바닷길 축제에 공연하러 온 내 지인들이 우정 출연하게 되었다. MC에 도널드 오동수, 외국인 공연 3팀을 이끌고 온 윤성훈, 찾아가는 DJ 최용진이었다. 부대 행사로는 솟대 만들기와 캘리그라피 글씨 쓰기였다. 행사 당일 제법 쌀쌀한 날씨에 많은 분들이 찾아와 주셨다. 함께 즐기시는 분들의 표정에서 성공할 수 있다는 자신감을 얻었다.

두 번째 버스킹도 시험적으로 진행하였다. 공연장 옆 거리를 차 없는 거리로 만들기로 한 것이다. 이곳에서 음식을 판매하는 야시장 개념으로 진행해 보기로 하였다. 음식 판매는 자생 단체인 진도읍 주민자치회에서 하기로 하였다.

이번 행사의 주제는 '진도 막걸리 데이'로 정했다. 행사장에 오시는 분들에게 막걸리를 무료로 나누면서 진도 막걸리에 대한 생각하는 자리를 만들어 보기로 한 것이다.

진도에는 막걸리를 만드는 주조장이 세 곳이 있다. 행사 전에 이곳들을 방문하여 행사의 취지를 알려드리고 협찬을 요청하였다. 다행스럽게 막걸리 주조장에서는 흔쾌히 동조하시며 행사에 사용할 막걸리들을 협찬해 주셨다.

행사 한 달 전부터 홍보가 시작되었다. 행사를 공동 주최한 주민자치회에서 더욱 열성적으로 홍보에 열 올렸다. 행사 당일 오후 2시부터 행사장 준비에 들어갔다. 진도읍 원도심 슬로건인 '흥해라 진도' 대형 현수막을 새마을금고 건물 벽면에 떡하니 붙이고 음향과 조명등을 설치했다. 공연장 한쪽의 도로를 막고 차 없는 거리로 만들었다. 차 없는 거리에는 음식 판매 거리로 만들었다. 이곳에서는 오늘 저녁 판매할 음식 준비에 한창이다.

행사 시작 한참 전부터 공연장 주변이 붐비기 시작한다. 막걸리 무료 제공이 먹혔는지, 제법 알려진 버스킹 공연자의 인지도 때문인지, 홍보가 잘되어서인지 예상보다 많은 분들이 두 번째 행사에 참여하신 것이다.

버스킹 공연이 시작되어 흥이 차오른다. 버스킹 공연에 최고봉인 초청 가수들이 공연장을 찾은 관객들을 들었다 놨다 한다. 공연장 옆 음식 부스에서는 막걸리 안주에 제격인 돼지 수육 등 인기 메뉴는 일찍이 떨어졌다고 아우성이다. 함께 수고한 진도읍 주민자치회에서 준비한 모든 음식이 공연이 끝나기 전에 동났다. 이로써 오랜만에 진도읍 한복판에서 맛있는 냄새 나는 공연 한 판을 하게 된 것이다. 다만 길을 막고 차 없는 거리를 만들어서 불편하다는 민원이 많이 들어온 게 마음에 걸렸다. 두 번의 행사를 치르면서 앞으로 치러질 정기 버스킹 공연의 방향이 차츰 윤곽을 드러내고 있었다.

08 없으면 구하면 된다

진도에는 국립남도국악원, 군립민속예술단, 국악고등학교, 12개의 민속 보존회 등 국악 분야에 많은 예술인들이 왕성한 활동을 하고 있다. 또한 진도 연예인 협회를 중심으로 가수, 색소폰 연주자 등도 활발히 활동을 이어가고 있다.

하지만 버스킹에 필요한 통기타, 마술, 성악 등 가족 단위 대상으로 공연할 자원은 눈을 씻고 찾아봐도 없었다. 몇 군데 있는 곳도 찾아가 함께 공연 활동을 해보자고 권유하였으나 자신없다고 손사래를 쳤다. 방법을 찾아내야만 했다. 인터넷을 뒤져보고 타 시군에 방법을 문의하니 공연자를 공모해서 모은다는 것을 알게 되었다.

우리도 전국 공모를 통해 공연자를 모아 보기로 하였다. 악기연주·국악·노래·댄스 등 특별한 장르 제한 없이 공모했다. 서울, 경기도, 광주 등 전국에서 120여 개 팀이 공모에 응했다. 통기타, 보컬, 재즈, 마술, 퓨전국악, 플루트 연주단 등 다양한 팀들이 활동하고 있다는 것에 놀랐다.

공모에 응한 120개 팀 중 우리 실정에 맞는 공연팀을 선별해야 했다. 활동하는 지역도 실력도 천차만별이라 이들을 골라내는 일도 보통이 아니었다. 응모 서류에 활동 내용을 담은 CD나 유튜브를 제시한 친구들은 그나마 실력이나 관중 호응도 등을 알아볼 수 있으나 절반이 넘는 공연자들이 자료를 제시하지 못했다.

그런다고 우리가 이들의 활동을 보기 위해 찾아가기도 오라고 하기도 난감했다. 우선, 기간을 두고 자료를 제시 못 하는 팀들은 선발에서 제외하였다. 그리고 하나하나 활동 내용을 담은 CD나 유튜브를 보면서 분야별로 공연자를 정해 나갔다. 마지막으로 25개 팀을 선발하고 공연 1~3개월 전에 사전 협의하여 공연 일정에 차질 없게 조치하였다.

모든 준비는 끝났다. 이제 버스킹 공연만 하면 된다. 사전에 2번의 행사로 부족한 부분에 대한 점검을 마친 상태였다. 최대한 군민들과 주변 상인들의 불편 사항을 해소하면서 이곳을 찾을 수 있도록 준비했다. 우선, 차 없는 거리로 조성 시 주변 상인들이 불편을 호소해 와 공연장에서 음식을 먹을 수 있도록 탁자를 배치하였다. 프리 푸드존을 만들어 공연을 보면서 음식을 마음껏 드실 수 있도록 한 것은 신의 한 수가 되었다. 주변 상권의 매출이 급상승하였다.

프리 푸드존 설치는 많은 관객들과 주변 상인들로부터 호평을 받았다. 공연도 진도에서는 처음 보는 공연자들로 구성되어 많은 호응이 이어졌다. 7월 중순에 시작된 버스킹은 통기타, 보컬, 재즈, 국악, 가요 등 다양한 레퍼토리로 진행되면서 군민들은 물론이고 쏠비치 호텔&리조트 진도를 찾은 관광객까지 찾는 토요일의 명소가 되어 갔다.

09 진도 아리단길 이야기

전국에는 지역을 대표하는 유명한 '단길'이 있다. 단길의 시초인 '이태원 경리단길'과 '합정 망리단길', 부산 해운대 '해리단길', '경주 황리단길', '전주 객리단길' 등이 대표적인 예이다.

'OO단길'이라는 표현은 보통 특정 지역이나 거리에 위치한 매력적인 상점, 카페, 레스토랑 등이 모여 있는 골목이나 거리를 의미하는 데 사용되고 있다. 여기서 'OO' 부분은 그 골목이나 거리가 위치한 지역이나 특징을 나타내는 이름으로 불리게 되는 경우가 일반적이다.

이러한 곳들은 각기 독특한 분위기와 다양한 볼거리, 먹거리로 많은 사람들에게 사랑을 받고 있다. 방문객들이 단길을 방문함으로써 그 지역의 문화와 역사를 직접 체험하고, 지역 주민들과 교류할 기회를 얻게 된다. 이는 여행의 또 다른 큰 매력 포인트가 된다.

요즘은 SNS 인스타그램 같은 소셜 미디어를 통해 단길에서의 경험과 사진을 공유함으로써, 사람들은 자신의 추억을 기록하고, 다른 사람들과 공유할 수 있다. 소규모 상점과 카페들이 많은 단길은 지속적으로 관광객이 방문하게 된다. 방문객들은 지역의 상점에서 소비함으로써 지역 경제를 지원하게 된다. 'OO단길'은 이처럼 다양한 특징과 사랑받는 이유로 인해 전국의 곳곳에서 사람들의 사랑을 받고 있다.

진도에는 '아리단길'이 있다. 이 거리는 1990년대까지 진도의 모든 사람과 차량이 지나야 하는 진도의 중심거리였다. 이곳에는 옷 가게, 음식점, 주점, 잡화점 등 진도의 대표 상권이 자리하여 군민과 관광객들의 사랑을 받아 온 거리였다. 이곳 길거리와 식당에서는 늘 진도아리랑, 흥타령, 육자배기 등 즐겁고 구수한 가락이 들려오던 곳이었다. 하지만 2000년대 이후 중심도로 기능 상실과 외곽지역으로의 상가 이전으로 빈 점포가 늘어 상권이 급격히 쇠퇴하였다.

이에 우리 군에서는 2019년부터 원도심 상권 활성화를 위해 빈 점포에 청년점포 챌리지 숍을 입주시키고 거리에는 감성 조명을 주말에는 버스킹 공연을 하여 사람들을 끌어들이는 활성화 사업을 시행하였다. 하지만 이곳을 부를 마땅한 명칭이 없었다. 도로를 부를 명칭이 필요해진 것이다.

그러던 어느 날 의류 사업을 하는 친구의 초청으로 이태원에 갈 일이 생겼다. 밤에 유흥하러 몇 번 왔었던 이태원이 낮에 보니 새로운 기분이 들었다. 친구는 이른 저녁 식사를 하러 가자고 했다. 맛집으로 예약해 놓았다고 했다.

우리가 간 식당은 경리단길에 있었다. 규모는 작은 가게였지만 깔끔하고 음식이 정말 맛깔스러웠다. 이곳을 운영하는 분이 젊은 청년이었다. 식사 후 이 친구를 통해 경리단길에 대해 자세히 알게 되었다.

'경리단길'은 육군중앙경리단(현재 국군재정관리단)이 길 초입에 있어 경리단길이라는 이름이 붙었다고 한다. 이곳은 대부분 오래된 상가와 주택들뿐이지만 색다른 카페와 펍, 맛집들이 자리하고 있어 외국인들과 젊은 층의 많은 사랑을 받고 있다고 했다.

이곳 경리단길이 주목받자 리단길 열풍이 불기 시작하여 이제는 꽤 많은 리단길이 전국에 생겼다 한다. 그중 대표적인 길들을 알려 줬는데 서울 망원동에 망리단길, 수원의 행리단길, 부산 해운대 해리단길, 경주의 황리단길, 전주의 객리단길이었다.

이 친구의 이야기를 듣고 있자니 우리가 너무 우물 안에 갇혀 살고 있었구나 하는 생각을 하게 되었다. 다른 지역들이 주변 환경에 적응하기 위해 빠른 변화를 통해 지역 활성화를 꿈꾸고 있는데 우리는 그걸 모른 채 내가 가지고 있는 게 최고라는 자만심에 빠져 있지 않았었나 반성해지게 되었다.

서울을 다녀온 후 주말마다 전국의 유명하다는 리단길을 다녀왔다.

먼저, 비교적 가까운 전주의 객리단길을 다녀왔다. 전주의 대표 관광지인 한옥마을에서 얼마 떨어지지 않은 곳에 있는 객리단길은 조선 시대 관리들이 묵었던 숙소인 객사가 주변에 있다고 해서 객리단길이라 불리고 있었다. 원래 노후한 주택가였으나 임대료가 저렴하여 음식점과 카페 등이 들어서기 시작하였고 건물을 허물지 않고 내부 공간에 대한 리모델링만을 해 고유의 정취를 풍기고 있었다.

다음은, 요즈음 들어 핫하다는 경주의 황리단길을 방문하게 되었다. 아기자기한 기념품 가게와 책방, 카페 등이 음식점과 어우러지면서 볼거리·먹거리가 풍부하였다. 대릉원, 첨성대 등 주변에 유명 관광지들이 있어 접근성도 좋았다. 나도 첨성대와 동궁지와 월지를 둘러보고 이곳을 방문하게 되었다. 황리단길은 주변의 문화재로 인해 문화재 보존 구역으로 지정되어 있다 보니 일반 상점들이 입점하기가 어려워 최소한의 리모델링만 거친 기념품 가게와 카페들이 들어오면서 점차 활성화되었는데 오히려 그런 점이 경주의 매력을 더 살리고 있었다.

다음은 부산 해리단길을 방문해 보았다. 방문하기 전 이곳을 검색해 보고 깜짝 놀랐다. 이곳은 내가 고등학교 3년의 학창 시절을 보낸 곳이기 때문이었다. 졸업 후 정문을 통해 몇 번 학교를 다녀온 적은 있지만 후문 쪽인 이곳은 갈 일이 없었기 때문이다.

해리단길은 해운대 역사 뒤편에 자리 잡고 있어 매우 한적하다. 화려한 초고층 빌딩들이 길 건너에 즐비하게 설 동안 이곳은 변화를 거부하고 옛 모습을 그대로 간직하고 있었다. 그래서인지 오래된 주택들을 개조하고 리모델링해서 각자의 특색을 담아낸 개성 있는 카페와 음식점들이 채워지고 있었다. 이곳만의 아늑하면서도 편안한 분위기를 간직하고 있어 정겨운 느낌 때문인지 많은 방문객이 이곳을 찾고 있었다.

이후 나의 발걸음은 수원 행리단길, 송파구 송리단길에 이어 서울 홍대 인근 연남동, 익선동 등 전국의 핫플레이스로 뜨는 동네들을 방문해 우리 지역과의 차이점과 도입할 점 등을 배워나가게 되었다.

우리 진도에도 대표성 있는 길을 만들어 보자.

자생적으로 생기면 좋겠지만 안 되면 우리가 만들어 보자. '청년 점포 챌린지 숍' 사업을 추진하면서 청년들과 늘 하던 이야기였다. 청년 점포 챌린지 숍을 추진하는 곳에 점포가 50여

개에 달한다. 이 중 빈 점포 7개에 청년 점포 챌리지 숍이 들어서게 된다. 입주하는 품목은 특색있는 식당 4곳, 베이커리 1곳, 기념품점 1곳, 디저트 숍이 1곳이다. 부족하지만 나름대로 구색을 갖추었다고 생각되었다. 기존 특색있는 상가들과 어우러져 진도만의 색깔을 간직한 거리가 만들어질 것 같았다.

거리 명칭에 대한 생각들을 주변 분들과 나누었다. 많은 제안이 있었지만, 진도의 대표 노래인 '진도 아리랑'의 '아'를 앞에다 두는 '아리단길'이라는 명칭을 사용하기로 하였다. 바로 간판을 제작하여 입구에 표기하였다. 인스타 등 SNS에 홍보물을 제

진도 아리단길 행사

작하여 널리 알리기 시작하였다. 생각보다는 인지도나 홍보가 적어 아직은 많은 분이 찾는 곳은 아니나 '아리단길' 명명 이후 이 거리가 깨끗해지고 활기차져 나름 만족한다. 이곳에 특색있는 핵점포 등이 들어서 관광객들과 지역민에게 사랑받는 거리가 되었으면 하는 바람이다.

10 새로움은 준비가 필요하다

"사업이 마무리되면 꼭 현장에 가보고 싶습니다. 잘 만들어 주세요."

세종시 행정안전부 회의실에서 있은 "지역 골목 경제 융복합 상권개발 공모사업" 발표를 마친 나에게 한 평가위원이 던진 이야기이다. 어리둥절한 나에게 성공할 수 있는 다양한 방법 등 많은 조언을 해주었음은 물론이다. 진도읍 원도심 상권 활성화 사업의 1차 사업인 진도 아리단길 내 청년점포 챌린지 숍 운영과 감성조명, 버스킹 공연 등이 자리 잡아 가면서 중장기 계획인 공모사업에 눈을 돌리게 되었다.

지방자치단체가 공모 사업에 사활을 거는 이유는 자체 예산이 한정되어 있기 때문이다. 자체 재원이 한정되어 있어 중앙정부나 다른 기관의 공모사업을 통해 추가적인 재정 지원을 확보해야 한다. 이를 통해 지역 발전을 위한 다양한 프로젝트를 실행하는 데 필요한 자금을 확보할 수 있는 것이다.

공모사업을 통해 중앙정부 등에서 확보한 재원을 활용하여 지역의 인프라를 개선해 나가고 교육, 문화, 복지 등 다양한 분야의 지역 발전을 촉진해 나갈 수 있다. 이는 지역 주민들의 삶의 질을 향상하는 데 중요한 역할로 이어진다.

또한 환경 보호, 일자리 창출, 사회적 약자 지원 등 특정 정책 목표를 달성하기 위해 공모사업을 활용하는 경우도 많다. 공모사업이 지역 주민들이 직접 참여할 기회가 제공되기도 하고, 그 결과로 주민들의 만족도를 높이는 데 여러 가지 기여를 한다. 이러한 주민들의 참여를 통해 지방자치단체의 신뢰도와 지지도를 높이는 데 긍정적인 영향을 미치게 되는 것은 당연한 결과이다.

중앙부처, 광역 지방자치단체, 각 기관에서는 수많은 주제를 가지고 공모사업을 진행한다. 중앙정부나 광역 지방자치단체가 공모사업을 하는 이유는 여러 가지를 들 수 있다.

공모를 통해 다양한 사업 계획서를 받아보고, 가장 효율적이고 효과적인 방법으로 자원을 배분할 수 있다. 그리고 공모사업을 통해 다양한 기관이나 단체가 경쟁하게 함으로써 더 나은 아이디어와 솔루션도 도출할 수가 있다. 공모 방식을 통해 사업 선정 과정의 투명성을 높이고, 공정성도 확보할 수가 있다.

다양한 주체들이 참여하는 공모사업은 새로운 아이디어와 혁신적인 접근 방식을 도입할 기회 또한 제공된다. 특정 지역에 국한되지 않고 다양한 지역에서 제안서를 받음으로써 지역 균형 발전도 도모할 수 있다. 그리고 특정 정책 목표를 효과적으로 달성하기 위해 중앙부처 등은 공모사업을 통해 관련된 프로젝트를 추진할 수 있다. 이러한 이유로 중앙정부나 광역 지방자치단체들은 공모사업을 통해 다양한 분야에서 효과적이고 효율적인 정책 집행을 도모할 수 있다.

공모사업에 성공하기 위해서는 철저한 준비가 필요하다.

공모사업에 대한 명확한 목표를 설정하고 전문가와 협력을 통해 혁신적이고 창의적인 아이디어를 도출해내야 한다. 철저한 사업 계획 수립은 물론이고 효과적인 예산 관리 방안과 홍보와 네트워킹, 철저한 문서 작성 등이 필요하다. 공모 사업의 필요성과 목표를 명확히 하고 이를 뒷받침할 수 있는 데이터를 수집하는 철저한 사전 준비가 필요함은 물론이다. 유사한 공모사업의 성공과 실패 사례를 분석하여 적용하는 것도 한 방법이다.

또한 구체적이고 측정할 수 있는 목표를 설정하여야 하고, 이를 달성하기 위해서는 해당 분야 전문가의 자문을 받으며, 사업 기획이나 재정 관리, 홍보 등 다양한 분야의 전문가로 구성

된 팀을 구성해야 한다.

창의적이고 혁신적인 아이디어를 제시하는 것도 중요한데, 이는 기존 사업과 차별화될 수 있는 독창적이고 혁신적인 아이디어가 제시되고, 지역의 고유한 특성과 강점을 반영한 아이디어를 개발하는 것을 의미한다. 구체적인 실행 계획을 세우고, 이를 실행할 수 있는 명확한 일정과 예산을 세우는 철저한 사업 계획 수립도 필수적이다. 사업 추진 과정에서 발생할 수 있는 위험 요소를 사전에 식별하고, 이에 대한 대응 방안을 마련하는 것도 꼭 필요하다.

마지막으로, 사업의 필요성과 기대 효과를 효과적으로 홍보하여 관련 기관과 지역 주민의 지지를 얻고, 유관기관, 지역사회단체 등과의 협력 네트워크를 구축하여 사업의 성공 가능성을 높여야 한다. 이와 함께, 공모사업 제안서를 작성할 때 사업의 필요성, 목표, 계획, 예산 등을 명확하고 체계적으로 기재하고, 공모사업 신청에 필요한 모든 서류를 빠짐없이 준비하여 제출 기한을 엄수하는 철저한 문서 작성이 필요하다. 이러한 전략을 통해 지방자치단체는 공모사업에서 성공할 가능성을 높일 수 있다.

11 홍주의 붉은 빛에 진도개가 뛰어놀면

진도읍 원도심을 활성화하는 사업에 탄력이 붙기 시작했다. 청년점포 챌린지 숍이 하나둘 모습을 드러내고 감성 조명등을 설치한 때문인지 밤이 되면 을씨년스럽던 아리단길에도 제법 사람들이 모여들기 시작했다. 월 1회였지만 버스킹 공연을 하면 상가 전체가 들썩일 정도였다.

이제 2차 사업을 추진할 차례다. 바로 행정안전부 공모사업인 '지역 골목 경제 융복합 상권 개발 공모사업'에 도전하게 된 것이다. 바로 공모사업 준비에 들어갔다. 먼저, 공모에 필요한 용역을 발주하여 우리 군과 상권에 대해 가장 해박한 지식을 갖추고 있는 업체를 선정하여 자료조사와 사업계획서를 작성해 나갔다. 도중에 현장과 사무실에서 대화와 협의가 수십 차례 이루어짐은 물론이다.

사업 계획을 수립하면서 문제점들이 하나둘 나타나기 시작했다. 공모에 응할 준비들이 너무 안 되어 있었던 것이다. 상인회, 중요 자원, 사람들……. 하지만 완벽하게 준비하기엔 시간이 너무 짧았다. 차츰 보완해 가기로 하고 사업 계획을 확정하여 서둘러 응모하였다.

발표 자료를 받으니 채 1주일도 남지 않았다. 시나리오를 작성하고 발표 연습에 들어갔다. 연습만이 공모에 선정된다는 생각으로 참 열심히 연습했다. 마침 우리 사무실 옆에 회의실이 있는 게 다행이었다. 회의가 없을 때 PPT를 틀어놓고 연습에 매진할 수 있었기 때문이다. 나중에는 목소리가 안 나올 정도로 연습했다. 이렇게 연습하다 보니 전체 내용을 완전히 외울 수 있었던 것 같다.

연습이 잘되어서인지 막상 발표장에서는 긴장이 안 된 것 같았고 평가자들의 질문에 막힘없이 답변했다. 꾸준한 연습을 통한 자신감이 좋은 결과로 이어진 것이다. “지역 골목 경제 융복합 상권 개발 공모사업‘은 전국 20여 곳 지방자치단체들이 응모하여 8곳을 선정하였는데 여기에 당당히 우리가 선정되었다. 나중에 행안부 담당자는 우리 평가 결과가 1등이었다고 알려주었다.

지역 골목 경제 융복합 상권 개발 사업 공모에서 우리 군은 ‘홍주가 흐르고 진도개도 신명 나는 오홍통’으로 선정돼 10억 원의 사업비를 확보하게 되었다. 갈수록 쇠퇴하고 있는 골목상권을 경쟁력 있는 골목으로 개선하고 지역공동체의 자발적인 협업 등 전반적인 상권 체질을 변경하는 사업 계획으로 선정된 것이다. 마침 7월에 쏠비치 호텔&리조트 진도 개장이 예정돼 있어 이를 연계하면 10만 이상의 관광객들이 찾아 줄 것으로 기대되었다.

우선 급한 사업부터 추진해 갔다. 골목의 분위기를 망치고 있던 공 폐가를 정비하기 위해 소유자와 협의했다. 얼마 되지 않은 면적에 소유주는 12명에 달했다. 공 폐가를 정비한 곳에는 공동체 커뮤니티를 조성해 소통과 문화 활동 공간으로 활용하고 주민과 상인, 관광객들을 위한 사랑방을 만들 계획이었다. 하지만 소유주들의 강한 반대에 부딪혔다. 땅을 내놓을 수 없다는 것이다. 아무리 설득해도 요지부동이었다.

계획을 변경할 수밖에 없었다. 보기 싫은 폐건물을 정비하고 나중에 용도를 정하자고 설득하니 응했다. 이곳은 여러 번의 변경을 거쳐 쌈지공원으로 조성하게 되었다.

다음은 특색 있는 자원을 활용하여 사람들을 상권으로 유인할 수 있는 볼거리를 만들어야 할 차례다. 진도의 명물인 진도개와 홍주를 활용하기로 하였다. 우연히 이곳이 지나다 진도개 강아지들이 학생들과 젊은 층으로부터 많은 사랑을 받는 걸 보게 되었다. 이곳을 더 눈에 띌 수 있도록 건물 외관을 정비하고 강아지들과 교감할 수 있는 놀이터를 만들기로 하였다. 다행히 건물 주인이 흔쾌히 승낙하여 무리 없이 완료할 수 있었다.

다음은 홍주를 활용할 차례이다. 진도 홍주는 고려 시대부터 전해져 내려온 진도에서만 제조되고 있는 홍색을 띤 증류주로, 주 원재료는 쌀과 보리, 그리고 영약으로 불리는 지초 등 3가지다. 홍주는 색깔이 붉고 맛이 독특하며 음주 후 자고 나서도 숙취와 갈증이 없는 것이 특징이다. 전라남도 지정 무형문화재로 2013년에 작고한 허화자 명인에 의해 전승되었다. 이분의 구수한 입담과 홍주 맛을 잊지 못하는 술 애호가들이 지금도 많이 있다. 나 또한 그중에 한 명이었지만…….

오랜만에 방문한 허화자 선생님의 생가는 폐가나 다름없었다.

관광, 디자인, 건축 등 전문가들에게 요청하여 한자리에 모이게 하였다. 관광, 디자인 전문가는 돈이 들더라도 현재 건물을 살리는 방안을, 건축 전문가는 철거하고 다시 짓는 게 낫다고 한다. 현장에 몇 번을 더 방문하여 고민하는 시간을 보냈다. 이곳에 건물이 3동이 있는데 안채와 판매장은 복원하여 사용하고 창고로 쓰였던 건물은 철거하는 것으로 결론 내렸다.

소유자와 협의할 차례이다. 허화자 명인의 후손들에게 연락하여 사업 취지를 설명했다. 어머님의 유지를 이어 가는 게 너무 좋다고 했다. 다만 건물과 땅을 팔 수는 없고 임대만 가능하다고 했다. 어쩔 수 없이 장기 임대 계약하고 공사에 들어갔다.

공사를 하면서도 여러 차례 위기가 닥쳤다. 너무 오래된 건물을 복원하다 보니 공사를 할 수 있는 업체가 없었다. 전국에 수배하여 업체를 어렵사리 구해 계속할 수 있었다. 개인 집을 고쳐 주는 게 특혜라고 민원을 제기하는 분들도 계셨다. 이분들에게는 사업의 취지를 설명하고 설득할 수밖에 없었다. 이와 같은 우여곡절을 겪으며 사업을 마무리할 수 있었다.

지금 이곳은 홍주 내리기 체험과 허화자 명인이 생전에 홍주 내릴 때 사용하던 물품을 전시하고 홍주의 제조 과정을 전시해 홍주에 대해 배울 수 있는 '홍주리움'으로 사용되고 있다.

홍주리움(홍주 체험장)

12 대표 상품은 무엇

"백구를 사주지 않으면 집에 안 간다 말이야."

오늘도 진도개 테마파크 공연장 앞에 강아지 체험장이 소란스럽다. 진도개 강아지를 사달라는 아이의 떼쓰는 소리 때문이다. 어찌나 완강한지 할머니, 아빠, 엄마 온 가족들이 나서서 달래도 막무가내다. 무조건 진도개 강아지와 함께 집으로 가겠단다. 하지만 이곳에 나와 있는 진도개들이 일명 족보(혈통) 있는 강아지들이라 가격도 아주 비싼 것도 있지만, 대부분 아파트에 살다 보니 진도개를 기른다는 게 만만치가 않다. 이를 아는 가족들은 난색을 보이는데 귀여운 강아지에 마음을 빼앗긴 아이들은 이런 사정을 알 리가 없다. 보통은 가족들이 달래면 돌아서는데 오늘의 주인공은 대가 아주 센가 보다. 30여 분이 지나도 돌아설 줄을 모른다. 그러나 방법이 없다. 진도개를 사 줄 수는 없으니 달래서 데리고 가는 수밖에…….

주말이면 진도개 테마파크에서 종종 일어나는 일이다. 강아지의 귀여움에 푹 빠진 어린아이와 어른들이 벌이는 해프닝인 것이다.

용맹하고 충성심이 강해 주인을 잘 따르는 진도개는 1962년에 천연기념물 제53호로 지정되었다. 1967년에는 '한국진도개보존육성법'이 제정되어 혈통이 보존되도록 노력하고 있다. 2005년에 영국의 캐널 클럽과 세계애견연맹에도 정식 품종으로 등록됐다. 모든 진돗개가 전부 다 천연기념물로 지정이 되는 것은 아니다. 진도군 내에서 심사를 받아 통과하면 진도개라는 이름으로 천연기념물로서 보호를 받을 수 있다.

진도군에서는 진도개 테마파크를 설치하여 메디컬센터와 사육장을 운영하여 진도개를 보호 육성하고 진도개 홍보관, 경주장, 어질리티장, 동·식물원 등을 함께 운영하여 애견인들이 진도개와 함께할 수 있도록 노력하고 있다. 진도개 테마파크에 들르면 진도개의 모든 것을 알 수 있으며 진도개 Dog 스포츠도 즐길 수 있다.

진도를 대표하는 것을 꼽으라면 단연 진도개를 이야기한다. 하지만 진도개는 살아있는 동물이라 관리하는 게 보통 일이 아니다. 특히 요즘같이 아파트 생활 문화에서는 반려견으로 함께 한다는 게 보통 일이 아니다. 많은 애견인이 진도개를 입양하여 기르고 싶어 하지만 사는 곳의 여건이 마땅치 않아 포기하는 것이다. 이러한 마음을 조금이라도 달랠 수 있는 게 인형이나 굿즈 상품들이 아닐까? 그동안 여러 번 시도했으나 만들어 내지 못하고 있던 진도개 인형 만들기에 도전했다.

행정안전부 공모사업인 '지역 골목 경제 융복합 상권 개발 사업'에 진도개도 신명 나는 오홍통 특성을 반영하기 위한 캐릭터 개발사업을 추가했다. '신명 난 진도개' 캐릭터를 관광상품으로 개발하여 진도개를 모티브로 한, 진도 자원의 자긍심을 강화하고 관광객들을 대상으로 한 홍보로 수익을 증대하기 위해 진도개 인형을 제작하기로 한 것이다.

전문 디자인 회사와 계약을 하고 진도개 캐릭터를 개발하였다. 이를 바탕으로 백구, 황구 진도개 인형을 만들었다. 진도 명품관 등에서 판매하고 있는데 진도를 대표하는 상품으로 많이 팔려 나가고 있다.

진도개 인형

13 몽마르트만 있을쏘냐! 진마르트도 있다

다음은 장기 계획인 중소벤처기업부 공모사업인 상권 르네상스 사업 도전이다.

앞에 두 가지 사업이 단기사업이라면 상권 르네상스 사업은 5년간 추진되는 장기 사업이다. 구도심의 상권이 쇠퇴함으로 소상공인들의 생업 기반이 약화하는 등 지역경제에 부정적인 영향을 미치게 된다. 쇠퇴한 상권을 '상권활성화구역'으로 지정하여 상권의 종합적인 지원을 통해 소상공인 및 지역 상권의 경쟁력을 높이기 위한 사업으로 많은 지방자치단체들이 도전하는 상권 활성화를 위한 대표적인 공모사업이다.

주말 버스킹, 청년점포 챌린지 숍, 아리단길 조성, 행정안전부 공모사업 선정 등을 통한 사업 추진으로 자신감이 생겼다. 신나 하고 재미있게 일을 해 나가자, 주변에서도 긍정적으로 바라보고 적극적으로 도와주기 시작했다. 구역을 확대하여 중소벤처기업부 상권 르네상스 사업 공모에 도전하기로 하였다. 진도읍 원도심 상권 활성화 사업을 처음 시작할 때 생겼던 두려움 따위는 없었다. 무엇이든 도전하여 이룰 수 있을 것 같았다.

전문가에게 의뢰하여 사업계획을 수립해 나가기 시작했다. 진도의 전통문화(시·서·화·창)와 전통색(오방색)을 활용하여 전체 사업의 틀을 잡기로 하였다. 청정 진도의 농수산특산물을 활용한 진도의 맛을 느낄 수 있는 음식을 개발하고 풍성한 먹거리를 제공할 수 있는 상권 형성도 필요했다. 진도의 소리 문화와 현대 음악과의 조화가 있는 문화예술체험 공간도 만들기로 하였다.

이러한 사업이 성공적으로 정착되면 직접적인 유입 인구 증대가 이루어지고 특히 젊은 층 고객들의 방문도 유도될 것이다. 이를 기반으로 상권 경제 활성화를 위한 밑거름이 되어 방문객들이 진도의 즐거움을 이곳저곳에 홍보도 하고 재방문하여 관계 인구를 늘려가는 전략을 수립하기로 한 것이다.

전국의 많은 자치단체들이 상권 르네상스 공모사업에 도전했다.

전남에서만도 네 곳이 우리와 경쟁하게 되었다. 공모 준비에 들어갔다. 공모 선정에 목표를 두고 철저하게 평가표에 의한 준비를 했다. 먼저 상권 구역을 진도읍 원도심으로 정하고 상인회를 만들었다. 사업계획은 상인회, 전문가, 행정이 머리를 맞대고 만들어 냈다.

코로나 팬데믹 시기라 1차 발표는 영상으로 하고 2차는 현장 평가로 진행되었다. 우리는 지금까지의 경험을 살려 준비했다. 현장 평가를 하러 온 위원들이 놀라는 눈치다. 준비가 잘되어 있었기 때문이다.

군 자체 사업과 행정안전부 공모 사업으로 청년 점포 챌린지 숍을 운영하고 상가의 외관 정비를 마쳤다. 핵심 자원인 진도개와 홍주를 상권에 접목한 상품화와 상인회도 운영하고 있었다. 그리고 사업을 추진할 수 있는 관련 조례도 만들어 시행하고 있었다.

나 또한 진도읍 원도심 상권 활성화를 위해 2년이 넘는 기간

상권르네상스 공모사업 현장평가

을 뛰어다녔기 때문에 상권의 문제점, 개선 방안 등에 자신이 있었다. 그 때문에 평가 위원들의 질문에 막힘이 없었다. 평가 막바지에 평가 위원들이 디자인 접목 등 몇 가지 사항을 제안해 줘서 좋은 결과를 기대하게 하였다. 아니나 다를까 얼마 후 발표에 우리가 선정되는 영광을 안게 되었다.

상권 중심지에 110년이 된 노후한 건물이 떡하니 버티고 있다. 일제 강점기에 지어진 건축물로 붕괴와 화재 위험성이 높아 인명 및 재산 피해가 우려되고 특히 진도읍 중심 상권의 경관을 해치고 있었다.

공모 사업 현장 평가와 사업 계획 수립 시 많은 전문가와 의견 충돌이 있던 사업이기도 하다. 개인 건축물에 예산이 투입되면 특혜 소지가 있어 안 된다는 심사위원들과 상권 전체의 이미지 변화를 위해서는 어떻게든 정비를 해야 한다는 내 의견이 상충하였다.

결국 프랑스 파리의 몽마르트 지역처럼 예술의 거리인 진(珍)마르트 詩(시)의 거리로 조성하여 개화기 건축물을 보존하고 벽면과 창을 활용하여 '시'를 시각화함으로써 볼거리를 다양화하는 방안으로 최종 결론지었다.

하지만 사업 추진에 문제가 발생했다. 소유주들을 만나 협의하는 과정에서 일부가 건물을 보수할 것이 아니라 '특정 관리 대상 지역으로 지정하여 철거하고 다시 지어 주라.'라고 강력히 요구하는 것이 아닌가? 이럴 경우 사업비의 과다 소요와 당초 사업 계획과 안 맞아 추진할 수는 없었다.

어렵게 소유주들을 설득하고 설계에 들어갔다. 근데 설계업체에서 현장을 다녀온 후 노후로 건축물을 수리할 수 없으니, 공사를 하려면 먼저 안전진단 업체에 의뢰하여 진단을 받은 후에 진행해야 한다고 하는 게 아닌가?

하지만 안전진단은 최소 1년이라는 기간이 소요된다. 추진할 수 있는 다른 방법을 찾아야 했다.

군청 내 건축 전문가, 설계업체, 안전진단 업체 등을 현장에 모이도록 했다. 건물을 돌아보고 난상 토론하였다. 결국 건물의 수리 없이 내부를 보강하고 외부에 별도의 틀을 만들어 외관과 간판, 지붕만 설치하는 것으로 협의를 완료하고 사업을 추진하였다. 지금은 깔끔한 외관과 멋진 시가 함께하는 건축물로 다시 태어나 사랑받고 있다.

|마치며|

가장 어두운 시간은 동트기 직전이다

이제는 내려서야 한다. 지리산 천왕봉에서 그리고 내 인생에서도.

천왕봉 일출을 맞이하기 위해 지리산에 오르는 길은 결코 쉽지 않았다. 한여름 오후에 험준한 산길을 오르며 지친 몸과 마음을 이끌어야 했기 때문이다. 하지만 그 과정에서 나 자신의 한계를 극복하고 새로운 도전에 대한 용기를 얻게 된 소중한 시간이 되었다. 다시 돌아온다는 회갑과 공무원 정년을 맞이하는 이 시점에서 천왕봉 정상에 오르는 일은 단순한 등산이 아닌, 지금까지의 인생을 되돌아보고 앞으로의 삶을 새롭게 설계하는 의미 있는 경험이 되었다.

회갑 생일날 천왕봉에서 맞이한 일출은 나에게 새로움으로 다가왔다. 어둠 속에서 빛이 솟아오르듯, 내 인생에도 새로운 희망과 가능성이 열리고 있음을 느낄 수 있었다. 지금까지의 경험을 바탕으로 더욱 성숙하고 지혜로운 삶을 살아갈 것을 다짐하는 의미 있는 자리가 되었음은 물론이다. 더불어 지리산 정상에서 지금까지 지나온 삶을 성찰해 보는 계기도 되었다. 성공과 실패, 기쁨과 슬픔, 그리고 후회와 감사한 순간들이 나를 이 자리에 있게 했다는 생각이 불현듯 떠올랐다.

천왕봉에서 내려오는 길도 결코 쉽지 않았다. 하지만 이 길을 내려오며 나 자신의 한계를 극복하고 새로운 도전에 대한 용기를 얻을 수 있었다. 이번 여정은 내가 꿈꾸는 제2의 인생을 준비하는 과정에 큰 힘이 될 것이다. 지금까지의 삶을 성찰하고 앞으로의 인생을 새롭게 설계할 수 있는 계기가 되었기 때문이다. 천왕봉에서 맞이했던 장엄한 일출은 나에게 새로운 희망과 가능성을 선사해 주기에 충분했다. 이 경험이 나를 더욱 성숙하고 지혜로운 삶을 살아갈 수 있게 해줄 것으로 믿어 의심치 않는다.

지난 33년간 지역의 공무원으로 근무하며 많은 것을 배우고 나름 성과를 이루었다고 자부한다. 때로는 힘든 시간도 있었지만, 그 과정에서 나 자신을 발견하고 성장도 해 나갈 수 있었다. 공직에 몸담으면서 지역을 위하고 사회에 이바지할 수 있는 기회가 있었던 것도 나에게 큰 영광이었다. 변방의 시골 공무원이 지역의 문제점을 파악하고 바꿔 보겠다는 사명감에 불타 좌충우돌하는 때도 많았다. 새로운 일을 추진해 내는 과정에서 실패도 하고 민원도 생겨 상사들로부터 질타받는 경우도 많았다. 그러나 실패는 성공의 어머니라고 하고자 하는 일은 끝내 이루어 냈다. 때로는 역경과 어려움이 많았으나 그때마다 주변에서 많은 도움을 주어 이를 이겨낼 수 있었다.

내가 이룬 모든 성취의 원동력은 '할 수 있다.'라는 긍정적 사고에서 비롯되었다고 할 수 있다. 할 수 있다고 생각하면 안 될 일도 되고, 할 수 없다고 생각하면 될 일도 안 되었다. '뭔가에 미치는 사람이 반드시 성과를 낼 수 있다.'라는 생각이 혼이 담긴 뜨거운 열정으로, 끊임없이 정진한 결과로 성과를 이룰 수 있었다.

"가장 어두운 시간은 동트기 직전이다."

미국의 대문호 어니스트 헤밍웨이는 "새벽이 오기 전, 밤이 깊을수록 더 어두워진다. 삶도 마찬가지다. 힘든 시기는 지나가고 모든 것이 나아지며 태양은 그 어느 때보다 밝게 빛날 것이다."라고 하였다. 새벽이 막 오려고 할 때, 가장 어두운 시간이 찾아오는 것처럼 위기는 종종 찾아올 수 있다.

어려움과 시련이 부딪쳤을 때 좌절할 필요가 전혀 없다. 찾으면 길이 있다. 어두운 밤이 지나면 새벽이 오듯이, 위기의 시기가 지나면 더 나은 미래가 올 것이라는 희망을 품어야 한다. 어려움이나 위기를 극복하면 새로운 기회와 가능성이 열린다.

성공한 사람일수록 어려운 일을 겪을 때 좌절하지 않고 새로운 기회로 만들어 간다. 고로 어려운 상황에 직면하거나 위기의 순간에 닥쳤을 때는 감정에 휩싸이지 말고 객관적으로 상황을 분석하고 현재 상황에 맞는 실행 가능한 대안을 찾아내면 된다.

그 후에 해결책을 단계적으로 실행할 수 있는 구체적인 계획을 세우고 가족, 친구, 전문가 등 주변의 도움을 받는 게 많은 도움이 된다. 또한 어려움을 극복할 수 있다는 긍정적인 마음가짐을 갖고 스트레스를 관리하고 건강을 유지하는 자기 관리를 잘해야 한다. 건강을 잃으면 다 소용없다. 건강해야 다음 기회도 노릴 수 있기 때문이다.

기회란 갑자기 찾아올 수 있다. 찾아온 기회에 "제가 하겠습니다."라고 당당하게 말할 수 있게 늘 준비가 되어 있어야 한다.

이 책을 읽은 모든 사람이 자신의 인생을 새롭게 설계하고 도전할 수 있는 용기를 가지길 바란다. 때로는 어려움이 있겠지만, 그 과정에서 자신의 한계를 극복하고 성장할 수 있을 것이다. 자신의 직업에서 배운 경험과 지혜를 바탕으로, 모두가 더 나은 사회를 만들어 나갈 수 있기를 기원한다.

남녘별 **박남규**